dtv

W0085537

»Wer Bäume setzt, obwohl er weiß, dass er nie in ihrem Schatten sitzen wird, hat zumindest angefangen, den Sinn des Lebens zu begreifen.«
Rabindranath Tagore

Freundschaft, Verantwortung, Lebensglück, Herausforderungen und Chancen: das sind die wichtigen Dinge des Lebens. Was haben bedeutende Persönlichkeiten darüber gedacht? Kluge Einsichten von Martin Luther King oder Christian Morgenstern, Annette von Droste-Hülshoff oder Khalil Gibran und vielen anderen versammelt dieser Band. Ebenso geben Sprichwörter aus allen Teilen der Erde positive Denkanstöße.

Iris Seidenstricker, geboren 1968, hat Germanistik, Philosophie und Pädagogik studiert. Heute verantwortet sie die Presse- und Öffentlichkeitsarbeit in einem deutschen Verlag.

Was
wirklich zählt

Die tiefen Wahrheiten

Herausgegeben von
Iris Seidenstricker

Deutscher Taschenbuch Verlag

Von Iris Seidenstricker (Hrsg.) bei dtv
ebenfalls erschienen:

›Weisheiten der Bibel‹ (34270)
›Worte, die wirken‹ (34649)
›Worte, die stärken‹ (34503)
›Worum es wirklich geht‹ (34588)

**Ausführliche Informationen über
unsere Autoren und Bücher
finden Sie auf unserer Website
www.dtv.de**

Originalausgabe
2010
© Deutscher Taschenbuch Verlag GmbH & Co. KG,
München
Umschlagkonzept: Balk & Brumshagen
Umschlaggestaltung unter Verwendung eines Bildes von
bridgemanart.com/Private Collection
Satz: Greiner & Reichel, Köln
Gesetzt aus der Monotype Baskerville 10,5/12˙
Druck und Bindung: Druckerei C. H. Beck, Nördlingen
Gedruckt auf säurefreiem, chlorfrei gebleichtem Papier
Printed in Germany · ISBN 978-3-423-34623-8

Inhalt

Die tiefen Wahrheiten über ...

Die tiefen Wahrheiten über
Arbeit und Aufgaben

Welcher Arbeit Sie auch in Ihrem Leben nachgehen, machen Sie sie gut. Wenn Ihre Aufgabe darin besteht, die Straßen zu fegen, dann fegen Sie, wie Michelangelo malte, wie Shakespeare Gedichte schrieb und wie Beethoven komponierte. Fegen Sie die Straßen so, dass all die himmlischen und auch die irdischen Heerscharen innehalten und sagen: Er lebte als ein großer Straßenfeger und er hat seine Arbeit gut gemacht.
Martin Luther King

Sechs Stunden sind genug für die Arbeit; die anderen sagen zum Menschen: lebe!
Lukian von Samosata

Lebenskunst besteht darin, die eigene Natur mit der eigenen Arbeit in Einklang zu bringen.
Luis de León

Ständige Arbeit wird leichter durch Gewöhnung.
Demokrit

Glück hilft nur manchmal, Arbeit immer.
Indisches Sprichwort

Wenig Arbeit ist eine Bürde, viel Arbeit eine Freude.
Victor Hugo

Wir werden nie etwas gut machen, bis wir aufhören nachzudenken, wie wir es machen werden.
William Hazlitt

Wir arbeiten um der Arbeit willen, weil uns das Talent zum Glück fehlt.
Friedrich Sieburg

Alles, was man tun muss, um seine Begabung durchzusetzen ist dauerhaft, und intensiv nachzudenken und im Schweiße seines Angesichts zu arbeiten, ohne Unterlass.
Sylvia Plath

Arbeite und lerne und du kannst gar nicht verhindern, dass du etwas wirst.
Dale Carnegie

Arbeit ist das beste Mittel gegen Verzweiflung.
Arthur Conan Doyle

Achte darauf, dass du die richtigen Mittel wählst, dann wird sich das Ziel von selbst einstellen.
Mahatma Gandhi

Arbeit, die wir lieben, ist das Einzige, was uns mit dem Leben versöhnen kann.
Herman Bang

Erbitte Gottes Segen für deine Arbeit – aber erwarte nicht, dass er sie auch noch tut.
Norbert Blüm

Der Abschied von einer langen und wichtigen Arbeit ist immer mehr traurig als erfreulich.
Friedrich von Schiller

Dein Interesse sei nur auf die Tätigkeit gerichtet, nie auf deren Früchte.
Bhagavad Gita

Durch das Zuviel-Arbeiten sündigt man am Leben und an der Arbeit selber.
Paula Modersohn-Becker

Eine gelungene Arbeit zieht sogleich die nächste nach sich; und wer seinen Erfolg nicht erlistet, sondern redlich gewinnt, weiß nichts von Sieg, und gewiss nichts von Berauschung.
Heinrich Mann

Die Arbeit ist ein Segen, der wie ein Fluch aussieht.
Paul Auster

Es gibt nichts auf der Welt, das einen Menschen so sehr befähigte, äußere Schwierigkeiten oder innere Beschwerden zu überwinden – als: das Bewusstsein, eine Aufgabe im Leben zu haben.
Viktor E. Frankl

Die Arbeit, die tüchtige, intensive Arbeit, die einen ganz in Anspruch nimmt mit Hirn und Nerven, ist doch der größte Genuss im Leben.
Rosa Luxemburg

Es kommt viel weniger darauf an, was man leistet, als viel mehr darauf, wo man es leistet.
Johann Nestroy

Zwei Dinge sind zu unserer Arbeit nötig: unermüdliche Ausdauer und die Bereitschaft, etwas, in das man viel Zeit und Arbeit gesteckt hat, wieder wegzuwerfen.
Albert Einstein

Der Trick in dieser Welt ist herauszufinden, was man gerne tut, und dann noch jemanden zu finden, der einen dafür bezahlt.
Unbekannter Verfasser

Wichtig ist nicht, wo du bist, sondern, was du tust, wo du bist.
Afrikanisches Sprichwort

Seien wir uns bewusst, dass das, was wir tun, nur ein Tropfen im Ozean ist. Aber gäbe es diesen Tropfen nicht, würde er im Ozean fehlen.
Mutter Teresa

Eine Stunde konzentrierter Arbeit hilft mehr, deine Lebensfreude anzufachen, deine Schwermut zu überwinden und dein Schiff wieder flottzumachen, als ein Monat dumpfen Brütens.
Benjamin Franklin

Müde macht uns die Arbeit, die wir liegen lassen, nicht, die wir tun.
Marie von Ebner-Eschenbach

Wir müssen das Leben lieben, schon der Arbeit wegen, die man darin entfalten kann.
Auguste Rodin

Die tiefen Wahrheiten über Freude und Zufriedenheit

Man sollte Anteil nehmen an der Freude, der Schönheit, der Farbigkeit des Lebens. Je weniger man von den Schattenseiten des Lebens spricht, desto besser.
Oscar Wilde

Ein Leben ohne Freude ist wie eine weite Reise ohne Gasthaus.
Demokrit

Es ist ein ungeheures Glück, wenn man fähig ist, sich freuen zu können.
George Bernard Shaw

Jede Freude ist ein Gewinn und bleibt es, auch wenn er noch so klein ist.
Robert Browning

Das Geheimnis der kleinsten natürlichen Freuden geht über die Vernunft hinaus.
Luc de Vauvenargues

Du brauchst nur zu lieben, und alles ist Freude.
Leo Tolstoi

Macht man sich das zu eigen, woran die Leute Freude haben, so hat man die Leute zu eigen.
Lü Bu We

Es gibt keine Seele, die nicht ihr Wattenmeer hätte, in dem zu Zeiten der Ebbe jedermann spazieren gehen kann.
Christian Morgenstern

Das Einzige, aus dem Menschen sich etwas machen sollten, ist Freude am Leben, Dankbarkeit für das Leben; aber die bekommt man nicht durch Liebe. Im Gegenteil, Liebe ist die Peitsche.
Knut Hamsun

Was der Schlaf für den Körper, ist die Freude für das Gemüt: Zufuhr neuer Lebenskraft.
Rudolf von Jhering

Das Leben ist ein Theaterstück ohne vorherige Probe. Darum singe, lache, tanze und liebe …
Charles Chaplin

Nicht das Vergnügen macht das Leben lebenswert. Das Leben ist es, das das Vergnügen vergnügenswert macht.
George Bernard Shaw

Die einzige Hoffnung auf Freude liegt in den menschlichen Beziehungen.
Antoine de Saint-Exupéry

Heiterkeit und Freudigkeit ist der Himmel, unter dem alles gedeiht.
Jean Paul

Fröhlichkeit ist gut für die Gesundheit, Mutlosigkeit raubt einem die letzte Kraft.
Bibel

Das schönste Geschenk an den Menschen ist die Fähigkeit zur Freude.
Luc de Vauvenargues

Begeisterung aber ist die Mutter alles Großen.
Franz Grillparzer

Alle Freude, alles Glück,
das wir außen empfinden,
ist eine Widerspiegelung
unseres wahren inneren Selbst,
die dann entsteht, wenn wir in
einer Sache völlig aufgehen.
Kirpal Singh

Ein Scherz, ein lachendes Wort entscheidet oft über
größte Dinge treffender und besser als Ernst und Schärfe.
Horaz

Freude und Angst sind Vergrößerungsgläser.
Jeremias Gotthelf

Zufriedenheit ist wertvoller als Reichtum.
Französisches Sprichwort

Der höchste Genuss besteht in der Zufriedenheit mit
sich selbst.
Jean-Jacques Rousseau

Zufriedenheit bringt auch in der Armut Glück;
Unzufriedenheit ist Armut, auch im Glück.
Konfuzius

Seine Freude in der Freude des anderen finden können:
Das ist das Geheimnis des Glücks.
Georges Bernanos

Die meisten Leute machen sich selbst bloß durch über-
triebene Forderungen an das Schicksal unzufrieden.
Wilhelm von Humboldt

Nie schenkt der Stand, nie schenken Güter dem Menschen die Zufriedenheit.
Christian Fürchtegott Gellert

Wer nicht mit dem zufrieden ist, was er hat, der wäre
auch nicht mit dem zufrieden, was er haben möchte.
Berthold Auerbach

Das Vergleichen ist das Ende des Glücks und der Anfang der Unzufriedenheit.
Søren Kierkegaard

Zufriedenheit ist der Stein der Weisen. Zufriedenheit
wandelt in Gold, was immer sie berührt.
Benjamin Franklin

Die tiefen Wahrheiten über die Freundschaft

Freundschaft, das ist eine Seele in zwei Körpern.
Aristoteles

Ich aber weiß, was wenige Menschen glauben, dass wahre Freundschaft zarter ist als Liebe.
August von Platen-Hallermünde

In der Freundschaft wie in der Liebe ist man oft glücklicher durch das, was man nicht weiß, als durch das, was man weiß.
François de La Rochefoucauld

Das Einmalige an einer Freundschaft ist weder die Hand, die sich einem entgegenstreckt, noch das freundliche Lächeln oder die angenehme Gesellschaft.
Das Einmalige an ihr ist die geistige Inspiration, die man erhält, wenn man merkt, dass jemand an einen glaubt.
Ralph Waldo Emerson

Die wahre Freundschaft scheut sich nicht, auch unangenehme Wahrheiten zu sagen, wenn sie notwendig sind.

Christoph Martin Wieland

Wenn die Jahre wachsen, erkennt man den Wert der Freundschaft immer tiefer.

Adalbert Stifter

Der eigentliche Kern der Freundschaft: ein Glaube, ein Hoffen, ein gemeinsames Werk. Es liegt eine große Freude darin.

Annette von Droste-Hülshoff

Ein Freund ist gleichsam ein zweites Ich.

Ambrosius von Mailand

Euer Freund ist die Antwort auf eure Nöte.
Er ist das Feld, das ihr mit Liebe besät und mit Dankbarkeit erntet.
Und er ist euer Tisch und euer Herd.
Denn ihr kommt zu ihm mit eurem Hunger,
und ihr sucht euren Frieden bei ihm.
Wenn euer Freund freiheraus spricht,
fürchtet ihr weder das »Nein« in euren Gedanken,
noch haltet ihr mit dem »Ja« zurück.

Und wenn er schweigt, hört euer Herz nicht auf,
dem seinen zu lauschen;
Denn in der Freundschaft werden alle Gedanken,
alle Wünsche, alle Erwartungen ohne Worte geboren
und geteilt, mit Freude, die keinen Beifall braucht.
Khalil Gibran

Ein bisschen Freundschaft ist mir mehr wert als die
Bewunderung der ganzen Welt.
Otto von Bismarck

Ich glaube fest an jede Freundschaft, die auf Charakte-
ren ruht; denn man bleibt einander immer notwendig.
Friedrich von Schiller

Mögest du immer einen Freund an deiner Seite haben,
der dir Vertrauen gibt, wenn es dir an Licht und Kraft
gebricht.
Irischer Segensspruch

Von allen Geschenken, die uns das Schicksal gewährt,
gibt es kein größeres Gut als die Freundschaft – keinen
größeren Reichtum, keine größere Freude.
Epikur von Samos

Der Wunsch, Freund zu sein, ist das Werk eines Augenblicks, aber die Freundschaft ist eine langsam reifende Frucht.

Aristoteles

Gleichheit der Gesinnung erzeugt Freundschaft.

Demokrit

Kein festeres Band für Freundschaft, als gemeinsame Pläne und gleiche Wünsche!

Marcus Tullius Cicero

Ich lobe mir den Freund, der wachsen macht.

Christian Morgenstern

Freundschaft, das ist wie Heimat.

Kurt Tucholsky

Das sicherste Mittel, ein freundschaftliches Verhältnis zu hegen und zu erhalten, finde ich darin, dass man sich wechselweise mitteile, was man tut; denn die Menschen treffen viel mehr zusammen in dem, was sie tun, als in dem, was sie denken.

Johann Wolfgang von Goethe

Die Freunde, die man morgens um vier anrufen kann, die zählen.
Marlene Dietrich

Mancher große Mann hätte nie an sich geglaubt, wenn ihn nicht gute Freunde entdeckt hätten.
Paul Heyse

Je älter man wird, desto mehr braucht man einen Weißt-du-noch-Freund.
Tilla Durieux

Was muntert reiner und lebhafter auf als freundschaftliche Teilnahme?
Johann Wolfgang von Goethe

Freundschaft ist immer eine süße Verantwortung, nie eine Gelegenheit.
Khalil Gibran

Es sollt' ein Freund des Freundes Schwächen tragen.
William Shakespeare

Lachen ist durchaus kein schlechter Beginn einer Freundschaft, und ihr bei weitem bestes Ende.
Oscar Wilde

Es gibt wenig aufrichtige Freunde – die Nachfrage ist auch gering.
Marie von Ebner-Eschenbach

Vielleicht muss man die Liebe gefühlt haben, um die Freundschaft richtig zu erkennen.
Nicolas Sébastien de Chamfort

Durch Worte allein kommt es nicht zur Freundschaft.
Armenisches Sprichwort

Wozu hätten wir Freunde nötig, wenn wir sie nie nötig hätten?
William Shakespeare

Ältere Freundschaften haben vor neuen hauptsächlich das voraus, dass man sich schon viel verziehen hat.
Johann Wolfgang von Goethe

Es ist wie ein süßes Lied. Der Freund nimmt teil an deinen Sorgen, freut sich über deine Erfolge, trägt mit dir deine Zweifel, und wenn er fern ist, ist er der Seele nach da.

Ælred von Rievaulx

Es gibt Menschen, deren einmalige Berührung mit uns für immer den Stachel in uns zurücklässt, ihrer Achtung und Freundschaft wert zu bleiben.

Christian Morgenstern

Menschen, die im Unglück sind, haben eines vor den andern voraus: Sie lernen unterscheiden, welche Freunde ihnen wirklich gut gesinnt sind.

Antonio Pietro Metastasio

Ohne Freunde können wir kein vollkommenes Leben führen.

Dante Alighieri

Keine Straße ist lang mit einem Freund an der Seite.

Rainer Maria Rilke

Die tiefen Wahrheiten über
Frieden, Toleranz und Gerechtigkeit

Bewahre erst den Frieden mit dir selbst, dann kannst du auch anderen Menschen Frieden bringen.

Thomas von Kempen

Wollen wir in Frieden leben, muss der Friede aus uns selbst kommen.

Jean-Jacques Rousseau

Den Frieden kann man weder in der Arbeit noch im Vergnügen, weder in der Welt noch in einem Kloster, sondern nur in der eigenen Seele finden.

William Somerset Maugham

Freude ist die Tochter des Friedens.

Skandinavisches Sprichwort

Wenn die Macht der Liebe die Liebe zur Macht übersteigt, erst dann wird die Welt endlich wissen, was Frieden heißt.

Jimi Hendrix

Frieden wird nicht zwischen Freunden, sondern zwischen Feinden geschlossen.
Yitzhak Rabin

Der Weg des Friedens ist der Weg der Wahrheit.
Mahatma Gandhi

Welche Art von Frieden suchen wir? Ich spreche vom aufrichtigen Frieden. Vom Frieden, der dem Leben auf der Erde einen Wert gibt. (…) Denn letzten Endes ist unsere tiefe Gemeinsamkeit, dass wir alle diesen kleinen Planeten bewohnen. Wir alle atmen dieselbe Luft, wir alle hoffen für die Zukunft unserer Kinder, und wir alle sind sterblich.
John F. Kennedy

Wirklicher Friede bedeutet auch wirtschaftliche Entwicklung und soziale Gerechtigkeit, bedeutet Schutz der Umwelt, bedeutet Demokratie, Vielfalt und Würde und vieles, vieles mehr.
Kofi Annan

Frieden ist die Fortsetzung des Krieges mit anderen Mitteln.
Oswald Spengler

An den Frieden denken heißt, an die Kinder denken.
Michail Gorbatschow

Merkt euch eins: Lieber ein mittelmäßiger Frieden als ein glorreicher Krieg!
Kaiserin Maria Theresia

Wenn wir wahren Frieden in der Welt erlangen wollen, müssen wir bei den Kindern anfangen.
Mahatma Gandhi

Nur wenn wir teilen, haben wir den Frieden auf der Welt. Den Frieden lernen, das ist nichts weiter als teilen lernen.
Hermann Gmeiner

Toleranz ist die schönste Gabe der Menschlichkeit. Wir sind alle voller Schwächen und Irrtümer; vergeben wir uns also gegenseitig unsere Torheiten. Das ist das erste Gebot der Natur.
Voltaire

Echte Toleranz beruht nicht auf Schwäche, sondern auf verständnisvoller Liebe.
Unbekannter Verfasser

Eine Botschaft habe ich nicht. Aber ich möchte gerne eine allgemeine Toleranz gegenüber menschlichem Wahnsinn verbreiten.
Astrid Lindgren

Man kann in einem großen Land etwas anpflanzen, das wichtiger ist als Baumwolle –Toleranz!
Tennessee Williams

Um sanft, tolerant, weise und vernünftig zu sein, muss man über eine gehörige Portion Härte verfügen.
Sir Peter Ustinov

Die Toleranz muss gegenüber der Intoleranz intolerant sein.
Immanuel Kant

Toleranz ist vor allem die Erkenntnis, dass es keinen Sinn hat, sich aufzuregen.
Ambrose Bierce

Solange du dem anderen sein Anderssein nicht verzeihen kannst, bist du noch weit weg vom Weg der Weisheit.
Chinesisches Sprichwort

Dreierlei ist wichtig im Leben: Erstens: Toleranz. Zweitens: Toleranz. Und drittens: Toleranz.
Henry James

Bloßes Ignorieren ist noch keine Toleranz.
Theodor Fontane

Toleranz sollte eigentlich nur eine vorübergehende Gesinnung sein; sie muss zur Anerkennung führen. Dulden heißt beleidigen.
Johann Wolfgang von Goethe

Gerechtigkeit und Sanftmut führen weiter.
Miguel de Cervantes

Gerechtigkeit ohne Gnade ist nicht viel mehr als Unmenschlichkeit.
Albert Camus

Freiheit ohne Gerechtigkeit ist Willkür.
Jean Anouilh

Unter allen Tugenden die schwerste und seltenste ist die Gerechtigkeit. Man findet zehn Großmütige gegen einen Gerechten.

Franz Grillparzer

Die Gerechtigkeit ist von der Güte untrennbar.

Jean-Jacques Rousseau

Wenn der Hass feige wird, geht er maskiert in Gesellschaft und nennt sich Gerechtigkeit.

Arthur Schnitzler

Wo keine Gerechtigkeit ist, ist keine Freiheit, und wo keine Freiheit ist, ist keine Gerechtigkeit.

Johann Gottfried Seume

Der Friede entspringt aus der Gerechtigkeit.

Lü Bu We

Der höchste Grad von Ungerechtigkeit ist geheuchelte Gerechtigkeit.

Platon

Die Gerechtigkeit ist nichts anderes als die Nächsten-
liebe des Weisen.
Gottfried Wilhelm Leibniz

❧

Die schönste Frucht der Gerechtigkeit ist Seelenfrieden.
Epikur

❧

Gerechtigkeit gibt jedem das Seine, maßt sich nichts
Fremdes an und setzt den eigenen Vorteil zurück, wo es
gilt, das Wohl des Ganzen zu wahren.
Ambrosius von Mailand

❧

Ungerechtigkeit an irgendeinem Ort bedroht die Gerechtigkeit an jedem anderen.
Martin Luther King

❧

Alles muss allem dienen. Es gibt im letzten Sinne keine
Ungerechtigkeit.
Christian Morgenstern

❧

Wenn man Gerechtigkeit im Kleinen übt, so hat man
im Kleinen Glück, wenn man sie im Großen übt, so hat
man im Großen Glück. Mit dem Unheil ist es nicht so.
Wenig ist immer noch schlimmer als gar nichts.
Lü Bu We

Die tiefen Wahrheiten über
Gott und Religionen

Der erste Schluck aus dem Becher der Wissenschaft
führt zum Atheismus, aber auf dem Grund des Bechers
wartet Gott.
Werner Heisenberg

Gott kommt nicht, wenn wir es möchten, aber er
kommt rechtzeitig.
Tennessee Williams

Der Glaube an Gott ist wie der ewige Beginn einer
Liebe: Schweigen.
Jean Giraudoux

Alle Menschen haben Zugang zu Gott. Aber jeder
einen anderen.
Martin Buber

Gott verzeiht nicht, was die Menschen verzeihen. Die
Menschen verzeihen nicht, was Gott verzeiht.
Franz Werfel

Es gibt keine Liebe, außer in Gott.
Albert Camus

✤

Für den gläubigen Menschen steht Gott am Anfang, für den Wissenschaftler am Ende aller seiner Überlegungen.
Max Planck

✤

Was wir den Zufall nennen ist vielleicht die Logik Gottes.
Georges Bernanos

✤

Es ist nicht auszudenken, was Gott aus den Bruchstücken unseres Lebens machen kann, wenn wir sie ihm ganz überlassen.
Blaise Pascal

✤

Was ist Gott anderes denn Leben und Lieblichkeit, leuchtendes Licht, unvergängliche Güte, richtende Gerechtigkeit und heilendes Erbarmen?
Birgitta von Schweden

✤

Und so sehe ich es: Der Geist Gottes ist in allen Dingen und immer gegenwärtig – wochentags wie sonntags – in den großen Arbeiten, in den Erfindungen, in Kunst-

werken wie in Maschinen. Und hilft uns durch unseren Kopf, unsere Hände und unsere Seele.
George Eliot

Nicht Gottesverehrung in Demut und Ergebenheit, nicht Anbetung eines höheren unbegreiflichen Wesens ist das Herz der Religion, sondern Liebe im Doppelsinn dieses Wortes, das uns als Geliebte und als Liebende nennt.
Dorothee Sölle

Woran du dein Herz hängst, das ist dein Gott.
Martin Luther

Gottes Wille ist der sicherste Hafen des Friedens.
Edith Stein

Das Leben eines jeden Menschen ist ein von Gottes-hand geschriebenes Märchen.
Hans Christian Andersen

Der Zufall ist das Pseudonym, das der liebe Gott wählt, wenn er inkognito bleiben will.
Albert Schweitzer

Nicht Gott ist relativ und nicht das Sein, sondern unser Denken.
Albert Einstein

❧

Gott flüstert in unseren Freuden, er spricht in unserem Gewissen; in unseren Schmerzen aber ruft er laut. Sie sind sein Megafon, eine taube Welt aufzuwecken.
C. S. Lewis

❧

Glauben ist die Fähigkeit, in Gottes Tempo zu gehen.
Martin Buber

❧

Menschen haben den Kopf voller Pläne, doch nur Gottes Beschluss wird ausgeführt.
Bibel

❧

Wer Gott aufgibt, der löscht die Sonne aus, um mit einer Laterne weiterzuwandeln.
Christian Morgenstern

❧

Keiner von uns weiß, was Gott Menschen gibt. Es ist für uns verborgen und soll es bleiben. Manchmal dürfen wir ein wenig davon sehen, um nicht mutlos zu werden. Das Wirken der Kraft ist geheimnisvoll.
Albert Schweitzer

Wo die Erkenntnis aufhört, da baut sich der Glaube auf.
Augustinus von Canterbury

Was bei den Menschen unmöglich ist, das ist bei Gott möglich.
Bibel

Weißt du, wie du Gott zum Lachen bringen kannst? Erzähl ihm deine Pläne.
Blaise Pascal

Wer in Glaubenssachen den Verstand befragt, kriegt unchristliche Antworten.
Wilhelm Busch

Die Wege Gottes sind wie ein hebräisches Buch, das man nur von hinten lesen kann.
Martin Luther

Gott beantwortet das Gebet auf seine Weise, nicht auf die unsrige.
Mahatma Gandhi

Alle Religionen dieser Welt haben eines gemeinsam und wissen es nicht: Es ist die Sehnsucht der Menschen nach der Reinheit des Herzens.

Unbekannter Verfasser

Raffiniert ist der Herrgott, aber boshaft ist er nicht.

Albert Einstein

Wir können Gott mit dem Verstande suchen, aber finden können wir ihn nur mit dem Herzen.

József von Eötvös

Wie der stille See seinen Grund in der tiefen Quelle hat, so hat die Liebe eines Menschen ihren rätselhaften Grund in Gottes Licht.

Søren Kierkegaard

Die Quantenmechanik ist sehr achtunggebietend. Aber eine innere Stimme sagt mir, dass das noch nicht der wahre Jakob ist. Die Theorie liefert viel, aber dem Geheimnis des Alten bringt sie uns kaum näher. Jedenfalls bin ich überzeugt, dass der Alte nicht würfelt.

Albert Einstein

Was ist Religion? Sich in alle Ewigkeit weiter und höher entwickeln wollen.
Christian Morgenstern

Der Mensch macht die Religion, die Religion macht nicht den Menschen.
Karl Marx

So bleibt die eigentliche Religion ein Inneres, ja Individuelles, denn sie hat ganz allein mit dem Gewissen zu tun, dieses soll erregt, soll beschwichtigt werden.
Johann Wolfgang von Goethe

Die Irreligiösen sind religiöser, als sie selbst wissen, und die Religiösen sind es weniger, als sie meinen.
Franz Grillparzer

Die Religion ist die einzige Metaphysik, die das Volk imstande ist, zu verstehen und anzunehmen.
Joseph Joubert

Mystik ist die Urmutter der Religion, die Urmutter der Kultur.
Othmar Spann

Wissenschaft ohne Religion ist lahm, Religion ohne Wissenschaft ist blind.
Albert Einstein

Wo sich Wahrheit der Fantasie und Wahrheit des Verstandes begegnen, da ist das höchste menschliche Gefühl, wir nennen das Religion.
Achim von Arnim

Die tiefen Wahrheiten über die Güte

Die Krone der Weisheit ist die Güte.
Euripides

Zärtlichkeit und Güte drücken nicht Schwäche und Verzweiflung aus, sondern sie sind Zeichen der Stärke und Entschlossenheit!
Khalil Gibran

Seine Grundsätze soll man für die wenigen Augenblicke in seinem Leben aufsparen, in denen es auf Grundsätze ankommt, für das meiste genügt ein wenig Barmherzigkeit.
Albert Camus

Güte ist die Grundlage zum Glück.
Chinesisches Sprichwort

Ein bisschen Güte von Mensch zu Mensch ist besser als alle Liebe zur Menschheit.
Richard Dehmel

Mir persönlich macht es mehr Freude, einen Menschen zu verstehen, als ihn zu richten.
Stefan Zweig

Güte siegt über Ungüte, wie Wasser über Feuer siegt. Aber heutzutage übt man Güte so, als wollte man mit einem Becher Wasser einen brennenden Wagen voll Reisig löschen und, wenn die Flammen nicht erlöschen, dann sagen, dass Wasser Feuer nicht löschen könne. Dadurch wird gerade die Ungüte aufs Äußerste gefördert, und das Ende ist, dass die Güte zugrunde geht.
Mong Dsi

Wer mit Güte nichts erreicht, erreicht auch nichts mit Strenge.
Anton Tschechow

Kraft besteht nicht ohne Güte.
Honoré de Balzac

Die Güte, die nicht grenzenlos ist, verdient den Namen nicht.
Marie von Ebner-Eschenbach

Güte beim Denken erzeugt Tiefe, Güte beim Verschenken erzeugt Liebe, Güte in den Worten erzeugt Wahrheit.

Laotse

Die höchste Güte ist nicht, gut zu den anderen zu sein, sondern vorauszusetzen, dass die anderen es gut mit mir meinen.

Maurice Blondel

Eines Vaters Güte ist höher als ein Berg;
einer Mutter Güte tiefer als das Meer.

Chinesisches Sprichwort

Güte und Humor kommen, glaube ich, niemals getrennt auf die Welt.

Oswald Bumke

Die Menschen sind grausam, aber der Mensch ist gütig.

Rabindranath Tagore

Güte ist das Feingefühl roher Seelen.

Fernando Pessoa

Kraft besteht nicht ohne Güte.
Honoré de Balzac

Alles, was ich weiß, ist, dass man das Leben nicht verstehen kann ohne viel Güte, dass man es nicht leben kann ohne viel Güte.
Oscar Wilde

Wenn Güte als gut gelten will, wird sie zu Ungutem.
Laotse

Wer seine Liebe andern Dingen zuwendet und nicht die Menschen liebt, der kann nicht gütig genannt werden. Wer seine Liebe andern Geschöpfen nicht zuwendet und nur die Menschen liebt, der kann innerlich noch als gütig bezeichnet werden.
Lü Bu We

Die tiefen Wahrheiten über
Gut und Böse

Wenn auf Erden alle das Gute erkennen, so ist dadurch schon das Nicht-Gute gesetzt. Denn Sein und Nichtsein erzeugen einander.
Laotse

Es gibt nichts Gutes, außer man tut es.
Erich Kästner

Um Gutes zu tun, braucht's keiner Überlegung.
Johann Wolfgang von Goethe

Seltsam, wie groß die Illusion ist, dass Schönes auch gut ist.
Leo Tolstoi

Gut zu handeln ist schwer, Gutes zu fordern ist leicht.
Lü Bu We

Was ein Mensch an Gutem in die Welt hinausgibt, geht nicht verloren.
Albert Schweitzer

Man tut nur dann Gutes, wenn man auch das Schlechte tun kann. Eine gescheiterte Existenz dagegen, eine Witzfigur, ein Nichtstuer, der kann nur Gutes tun, aber das ist geschenkt, es ist nichts wert. Gut ist etwas, wenn man sich bewusst dafür entscheidet, weil man auch das Schlechte tun könnte.
Roberto Saviano

Gut und Böse hängt von den Menschen ab, nicht von den Tagen.
Japanisches Sprichwort

Es ist wohl klar, dass wir nie auf die Gegenüberstellung von »gut« und »schlecht« gekommen wären, wenn wir keine Wünsche hätten.
Bertrand Russell

Wenn etwas schlecht ist, muss das Gegenteil gut sein – das scheint fast noch logischer als das Vertrauen ins doppelt so Gute.
Paul Watzlawick

Was aus Liebe getan wird, geschieht immer jenseits von Gut und Böse.
Friedrich Nietzsche

Das Gute – dieser Satz steht fest – ist stets das Böse, was man lässt.
Wilhelm Busch

Was mich erschreckt, ist nicht die Zerstörungskraft der Bombe, sondern die Explosionskraft des menschlichen Herzens zum Bösen.
Albert Einstein

Der Himmel scheint uns schön, weil es Hässliches gibt. Das Gute scheint uns gut, weil es Böses gibt.
Laotse

Gleich wie Feuer nicht Feuer löscht, so kann Böses nicht Böses ersticken. Nur das Gute, wenn es auf das Böse stößt und von diesem nicht angesteckt wird, besiegt das Böse.
Leo Tolstoi

Das ist der kürzeste Weg: der vom Guten zum Bösen.
Martin Scherber

Das wahrhaft Gute kann nur in sich selbst aufbehalten werden, und alle Mühe, es in irgendetwas Formelles oder ihm Äußerliches einzumachen, mit welchem Zucker oder Salz es auch sein möge, ist vergebens.
Friedrich Heinrich Jacobi

❧

Das Bessere ist der Feind des Guten.
Voltaire

❧

Das Böse lebt nicht in der Welt der Menschen. Es lebt allein im Menschen.
Japanisches Sprichwort

❧

Alles, was den Menschen groß gemacht hat, ist aus dem Versuch entstanden, das Gute zu festigen, und nicht aus dem Kampf, das Schlechte zu verhüten.
Bertrand Russell

❧

Wer sich vornimmt, Gutes zu wirken, darf nicht erwarten, dass die Menschen ihm deswegen Steine aus dem Wege räumen, sondern muss auf das Schicksalhafte gefasst sein, dass sie ihm welche daraufrollen.
Albert Schweitzer

❧

Gut und Böse gibt es nur bei der Freiheit zum Ungehorsam.
Erich Fromm

Die Welt wird nicht bedroht von den Menschen, die böse sind, sondern von denen, die das Böse zulassen.
Albert Einstein

Da man Macht haben muss, um das Gute durchzusetzen, setzt man zunächst das Schlechte durch, um Macht zu gewinnen.
Ludwig Marcuse

Spät wird das Gute geglaubt, rasch das Böse.
Antonio Pietro Metastasio

Das Böse, das wir tun, wird uns vielleicht verziehen werden. Aber unverziehen bleibt das Gute, das wir nicht getan haben.
Karl Heinrich Waggerl

Ich glaube nicht länger, dass Menschen in Gute und Schlechte eingeteilt werden können, als ob sie zwei verschiedene Rassen oder Schöpfungen wären.
Oscar Wilde

Niemals tut der Mensch das Böse so vollkommen und fröhlich, als wenn er es aus religiöser Überzeugung tut.
Blaise Pascal

Die Verfolger des Bösen sind oft schlimmer als das Böse.
Joachim Günther

Die tiefen Wahrheiten über Herausforderungen, Krisen und Chancen

Die Chance klopft öfter an, als man meint, aber meistens ist niemand zu Hause.
Will Rogers

❧

Die größten Schwierigkeiten liegen da, wo wir sie nicht suchen.
Johann Wolfgang von Goethe

❧

Kleinigkeiten machen immer die größten Mühen.
Oscar Wilde

❧

Was wir am nötigsten brauchen ist ein Mensch, der uns zwingt, das zu tun, was wir können.
Ralph Waldo Emerson

❧

Das Schlimme ist, dass wir die einfachsten Fragen mit Tricks zu lösen versuchen, darum machen wir sie auch so ungewöhnlich kompliziert. Man muss nach einfachen Lösungen suchen.
Anton Tschechow

Es gibt keine einfachen Lösungen für sehr komplizierte Probleme. Man muss den Faden geduldig entwirren, damit er nicht reißt.

Michail Gorbatschow

Kein Problem wird gelöst, wenn wir träge darauf warten, dass Gott allein sich darum kümmert.

Martin Luther King

Äußere Krisen bedeuten die große Chance, sich zu besinnen.

Viktor E. Frankl

Miss nie die Höhe eines Berges, bevor du nicht den Gipfel erreicht hast. Erst dann wirst du sehen, wie klein er ist.

Dag Hammarskjöld

Was alle angeht, können nur alle lösen.

Friedrich Dürrenmatt

Der Gelassene nützt seine Chancen besser als der Getriebene.

Thornton Wilder

Jede Krise hat nicht nur ihre Gefahren, sondern auch ihre Möglichkeiten.
Martin Luther King

❧

Eine Krise kann jeder Idiot haben. Was uns zu schaffen macht, ist der Alltag.
Anton Tschechow

❧

Fällst du siebenmal, stehe achtmal auf.
Japanisches Sprichwort

❧

Der beste Weg heraus ist immer mittendurch.
Robert Frost

❧

Die Schwierigkeiten, auf die wir stoßen, wenn wir ein Ziel zu erlangen trachten, sind der kürzeste Weg zu ihm.
Khalil Gibran

❧

Wie oft sind es erst die Ruinen, die den Blick freigeben auf den Himmel.
Viktor E. Frankl

❧

Probleme lassen sich nicht mit den Denkweisen lösen,
die zu ihnen geführt haben.
Albert Einstein

Nicht Wollen ist der Grund, nicht Können nur der
Vorwand.
Seneca d. J.

Die tiefen Wahrheiten über
den Irrtum

Alle Entwicklung ist bis jetzt nichts weiter als ein Taumeln von einem Irrtum in den anderen.
Henrik Ibsen

Man irrt immer, wenn man nicht die Augen schließt, um zu verzeihen oder um sich selbst zu erkennen.
Maurice Maeterlinck

Die Irrtümer des Menschen machen ihn eigentlich liebenswürdig.
Johann Wolfgang von Goethe

Erst wenn wir unsere Irrtümer nicht mehr brauchen, wenn sie wirklich »aufgetragen« sind, entsteht in uns die Kraft, sie abzulegen.
Egon Friedell

Dem Irrtum, Freund, entgehst du nicht. Doch lässt dich Irrtum Wahrheit ahnen.
Emanuel Geibel

Die kürzesten Irrtümer sind immer die besten.
Molière

Die Menschheit lässt sich keinen Irrtum nehmen, der ihr nützt. Sie würde an Unsterblichkeit glauben, und wenn sie das Gegenteil wüsste.
Friedrich Hebbel

Weil du die Augen offen hast, glaubst du, du siehst.
Johann Wolfgang von Goethe

Die verhängnisvolle Neigung der Menschen, über etwas, was nicht mehr zweifelhaft ist, nicht länger nachzudenken, ist die Ursache der Hälfte aller Irrtümer.
John Stuart Mill

Ein Irrtum ist umso gefährlicher, je mehr Wahrheit er enthält.
Henri-Frédéric Amiel

Das einzige Mittel, den Irrtum zu vermeiden, ist die Unwissenheit.
Jean-Jacques Rousseau

Die Stärke des Irrtums und der Lüge liegt gerade darin, dass sie ebenso klar sein können wie Wahrheiten; weshalb das Falsche ebenso einleuchtend sein mag wie das Richtige.

Ludwig Marcuse

Wer tiefer irrt, der wird auch tiefer weise.

Gerhart Hauptmann

Der Irrtum ist recht gut, solange wir jung sind. Man muss ihn nur nicht bis ins hohe Alter schleppen.

Johann Wolfgang von Goethe

Erfahrung nennt man die Summe aller unserer Irrtümer!

Thomas Alva Edison

Geirrt zu haben, ist menschlich, und einen Irrtum einzugestehen Kennzeichen eines Weisen.

Hieronymus

Irren ist menschlich, Vergeben göttlich.

Alexander Pope

Eine Erkenntnis von heute kann die Tochter eines Irrtums von gestern sein.
Marie von Ebner-Eschenbach

Liebe die Wahrheit, doch verzeihe den Irrtum.
Voltaire

Nur der Irrtum ist das Leben, und das Wissen ist der Tod.
Friedrich von Schiller

Wenn ihr eure Türen allen Irrtümern verschließt, schließt ihr die Wahrheit aus.
Rabindranath Tagore

Einer neuen Wahrheit ist nichts schädlicher als ein alter Irrtum.
Johann Wolfgang von Goethe

Die tiefen Wahrheiten über
Jugend, Älterwerden und Alter

Die Jugend ist eine Torheit, deren Heilung das Alter ist.
Arabisches Sprichwort

Jung sein ist schön, alt sein ist bequem.
Marie von Ebner-Eschenbach

Besser ist's, man hat in der Jugend zu kämpfen als im Alter.
Gottfried Keller

Die Jugend hört auf mit dem Egoismus, das Alter beginnt mit dem Leben für andere.
Hermann Hesse

Wir werden nicht älter mit den Jahren, wir werden neuer jeden Tag.
Emily Dickinson

Es tritt der Mensch in jedes Alter als Novize ein.
Nicolas Sébastien de Chamfort

Wir kranken daran, dass Älterwerden von anderen definiert wird. In der Regel von Jüngeren, die selbst noch keine Erfahrung damit haben.
Frank Schirrmacher

Jedes Alter kann einen guten Gebrauch vom Leben machen, aber man kennt die Möglichkeiten nur, wenn man dieses Alter durchlebt hat.
Sully Prudhomme

Wenn man älter geworden ist, weiß man, wie viel Möglichkeiten man hatte, wie viele man ausließ und aus wie wenigen man etwas machte.
Hermann Kant

In der Jugend lernt, im Alter versteht man.
Marie von Ebner-Eschenbach

Man meint immer, man müsse alt werden, um gescheit zu sein; im Grunde aber hat man bei zunehmenden Jahren zu tun, sich so klug zu verhalten, als man gewesen ist.
Johann Wolfgang von Goethe

Nichts gewinnt so sehr durch das Alter wie Brennholz, Wein, Freundschaften und Bücher.
Francis Bacon

Je älter man wird, desto törichter und weiser wird man.
François de La Rochefoucauld

Ja, lang leben will halt alles, aber alt werden will kein Mensch.
Johann Nestroy

Das Alter ist nicht trübe, weil darin unsre Freuden, sondern weil unsre Hoffnungen aufhören.
Jean Paul

Jedes Jahrzehnt des Menschen hat sein eigenes Glück, seine eigenen Hoffnungen und Aussichten.
Johann Wolfgang von Goethe

Alt sein ist ja ein herrliches Ding, wenn man nicht verlernt hat, was *anfangen* heißt.
Martin Buber

Man altert nur von 25 bis 30. Was sich bis dahin erhält, wird sich wohl auf immer erhalten.

Friedrich Hebbel

Die ersten 40 Jahre unseres Lebens liefern den Text, die folgenden 30 sind Kommentar dazu, der uns den wahren Sinn und Zusammenhang des Textes, nebst der Moral und allen Feinheiten desselben, erst recht verstehen lehrt.

Arthur Schopenhauer

Mit zwanzig hat jeder das Gesicht, das Gott ihm gegeben hat, mit vierzig das Gesicht, das ihm das Leben gegeben hat, und mit sechzig das Gesicht, das er verdient.

Albert Schweitzer

Wenn wir alt werden, verkriecht sich die Schönheit nach innen.

Ralph Waldo Emerson

Ich finde das Alter nicht arm an Freuden; Farben und Quellen dieser Freuden sind nur anders.

Alexander von Humboldt

Ein Teil des Älterwerdens besteht darin, dass man sich weigert, neue Erinnerungen anzulegen.
Cees Nooteboom

Das Alter hat zwei große Vorteile: Die Zähne tun nicht mehr weh, und man hört nicht mehr all das dumme Zeug, das ringsum gesagt wird.
George Bernard Shaw

Wenn man auf einmal feststellt, dass man zu den Älteren gehört, muss man zuerst einmal damit umgehen lernen.
Johannes Rau

Das Alter macht nicht kindisch, wie man spricht,
Es findet uns nur noch als wahre Kinder.
Johann Wolfgang von Goethe

Das Leben wird gegen Abend, wie die Träume gegen Morgen, immer klarer.
Karl Julius Weber

Die tiefen Wahrheiten über
Lächeln, Lachen und Humor

Ein Tag ohne Lächeln ist ein verlorener Tag!
Charles Chaplin

Lächeln ist das Kleingeld des Glücks.
Heinz Rühmann

Ein Lächeln kostet weniger als Elektrizität und bringt
mehr Licht.
Abbé Pierre

Jedes Mal, wenn ein Mensch lacht, fügt er seinem Leben ein paar Tage hinzu.
Curzio Malaparte

Das Lächeln, das du aussendest, kehrt zu dir zurück.
Indisches Sprichwort

Das richtige Lachen ist der Beginn des richtigen Denkens und Empfindens.
Carl Zuckmayer

Zum Lachen braucht es immer ein wenig Geist. Das Tier lacht nicht.
Gottfried Keller

Humor ist, wenn man trotzdem lacht:
Otto Julius Bierbaum

Denn das ist Humor: durch die Dinge durchsehen, wie wenn sie aus Glas wären.
Kurt Tucholsky

Der Humor ist ein Einstieg zum Glauben, und Lachen ist der Anfang zu beten.
Reinhold Niebuhr

Die verborgene Quelle des Humors ist nicht Freude, sondern Kummer.
Mark Twain

Die Einbildung tröstet die Menschen über das, was sie nicht sein können, und der Humor tröstet sie darüber hinweg, was sie wirklich sind.
Albert Camus

Humor ist die Fähigkeit, im Leben mit Gegenwind zu segeln.
Günther Pfitzmann

Die Welt gehört denen, die zu ihrer Eroberung ausziehen, bewaffnet mit Sicherheit und guter Laune.
Charles Dickens

Aller höhere Humor fängt damit an, dass man die eigene Person nicht mehr ernst nimmt.
Hermann Hesse

Der Humor ist keine Gabe des Geistes, er ist eine Gabe des Herzens.
Carl Ludwig Börne

Humor haben nicht selten die Menschen, die eigentlich nichts zu lachen haben.
Gerhard Uhlenbruck

Humor ist äußerste Freiheit des Geistes. Wahrer Humor ist immer souverän.
Christian Morgenstern

Der Humor nimmt die Welt hin, wie sie ist, sucht sie nicht zu verbessern und zu belehren, sondern mit Weisheit zu ertragen.
Charles Dickens

Humor ist der Knopf, der verhindert, dass uns der Kragen platzt.
Joachim Ringelnatz

Das Weinen ist dem Menschen angeboren, aber das Lachen will gelernt sein.
Max Pallenberg

Der Himmel hat den Menschen als Gegengewicht gegen die vielen Mühseligkeiten des Lebens drei Dinge gegeben: die Hoffnung, den Schlaf und das Lachen.
Immanuel Kant

Der Humor hat, wie die Moral, seine ewigen Wahrheiten.
Mark Twain

Lachen ist eine körperliche Übung von großem Wert
für die Gesundheit.
Aristoteles

Wo Glaube ist, da ist auch Lachen.
Martin Luther

Gibt es schließlich eine bessere Form, mit dem Leben
fertig zu werden, als mit Liebe und Humor?
Charles Dickens

Die tiefen Wahrheiten über das Lebensglück

Fürchte dich weniger, hoffe mehr, iss weniger, kaue mehr, jammere weniger, atme mehr, rede weniger, liebe mehr, und alle Dinge werden dein sein.
Schwedisches Sprichwort

Die Menschen kommen durch nichts den Göttern näher, als wenn sie Menschen glücklich machen.
Marcus Tullius Cicero

Wer die Befriedigung des Schaffens einmal erfahren hat, für den sind alle anderen Befriedigungen nicht mehr vorhanden.
Anton Tschechow

Wahres Glück besteht nicht darin, dass man bekommt, was man mag. Es kommt aus der Bemühung, Zuneigung zu gewinnen zu dem, was man nicht mag.
Mahatma Gandhi

Das Glück kommt zu denen, die lachen.
Japanisches Sprichwort

Glück ist Scharfsinn für Gelegenheiten und die Fähigkeit, sie zu nutzen.
Samuel Goldwyn

Jeder hat sein eigen Glück unter den Händen, wie der Künstler eine rohe Materie, die er zu einer Gestalt umbilden will. Aber es ist mit dieser Kunst wie mit allem; nur die Fähigkeit wird uns angeboren, sie will gelernt und sorgfältig ausgeübt sein.
Johann Wolfgang von Goethe

Das Glück besteht darin, zu leben wie alle Welt und doch wie kein anderer zu sein.
Simone de Beauvoir

Das Glück entflieht uns, wenn wir hinter ihm herrennen. In Wahrheit kommt das Glück von innen.
Mahatma Gandhi

Jede Minute, die man sich ärgert, kostet sechzig Minuten des Glücks.
Ralph Waldo Emerson

Man will nicht nur glücklich sein, sondern glücklicher als die anderen. Und das ist deshalb so schwer, weil wir die anderen für glücklicher halten, als sie sind.

Charles de Montesquieu

Nenne dich nicht arm, weil deine Träume nicht in Erfüllung gegangen sind; wirklich arm ist nur, der nie geträumt hat.

Marie von Ebner-Eschenbach

Das höchste Glück des Lebens besteht in der Überzeugung, geliebt zu werden.

Victor Hugo

Das Glück ist ein Wie, kein Was; ein Talent, kein Objekt.

Hermann Hesse

Ich betrachte Untätigkeit als das wahre Glück, während die Welt sie als großes Unglück ansieht. Es ist gesagt worden: »Vollkommenes Glück ist das Nichtvorhandensein des Strebens nach Glück; vollkommenes Ansehen ist das Nichtvorhandensein des Strebens nach Ansehen.«

Laotse

Es ist sehr schwer, das Glück in uns zu finden, und es ist ganz unmöglich, es anderswo zu finden.
Nicolas Sébastien de Chamfort

Es gibt nur einen Weg zum Glück und der bedeutet, aufzuhören mit der Sorge um Dinge, die jenseits der Grenzen unseres Einflussvermögens liegen.
Epiktet

Ein Augenblick des Glücks wiegt Jahrtausende des Nachruhms auf.
Friedrich der Große

Kommt zu einem schmerzlosen Zustand noch die Abwesenheit der Langeweile, so ist das irdische Glück im Wesentlichen erreicht.
Arthur Schopenhauer

Das Geheimnis eines glücklichen Lebens liegt in der Entsagung.
Mahatma Gandhi

Das Glück ist ein Schmetterling. Jag ihm nach, und er entwischt dir. Setz dich hin, und er lässt sich auf deiner Schulter nieder.
Anthony de Mello

Ein ganzes Leben erfüllt von Glück! Kein lebender Mensch könnte das ertragen: Es wäre die Hölle auf Erden.
George Bernard Shaw

Alle Gelegenheit, glücklich zu werden, hilft nichts, wer den Verstand nicht hat, sie zu benutzen.
Johann Peter Hebel

Glück kann man nur festhalten, indem man es weitergibt.
Werner Mitsch

Die tiefen Wahrheiten über
die Leidenschaft

In dir muss brennen, was du in anderen entzünden willst.
Aurelius Augustinus

Eine große Leidenschaft ist eine Art Seele, unsterblich und auf ihre Art fast unabhängig von den Organen.
Bernard Le Bovier de Fontenelle

Die Leidenschaft der höchsten Liebe findet wohl auf Erden ihre Befriedigung nie.
Susette Gontard

Unser praktisches reales Leben ist, wenn nicht die Leidenschaften es bewegen, langweilig und fade, wenn aber sie es bewegen, wird es bald schmerzlich.
Arthur Schopenhauer

Leidenschaften sind die Pferde am Wagen des Lebens;
aber wir fahren nur gut, wenn der Fuhrmann Vernunft
die Zügel lenkt.
Karl Julius Weber

Kein Toter ist so gut begraben wie eine erloschene
Leidenschaft.
Marie von Ebner-Eschenbach

Ohne Leidenschaft gibt es keine Genialität.
Theodor Mommsen

Die Selbstliebe ist die Quelle, der Ursprung und das
Prinzip aller unserer Leidenschaften.
Jean-Jacques Rousseau

Alle Menschen haben die gleichen Leidenschaften,
aber sie haben sie nicht alle im gleichen Grade.
Carl Friedrich Buchholz

Eifersucht ist eine Leidenschaft, die mit Eifer sucht, was
Leiden schafft.
Franz Grillparzer

Das Einzige, wonach wir mit Leidenschaft trachten, ist das Anknüpfen menschlicher Beziehungen.
Ricarda Huch

Keine einzige Leidenschaft beraubt den Geist so wirkungsvoll all seiner Handlungs- und Urteilskraft, als wie die Angst.
Edmund Burke

Alle Leidenschaften übertreiben und wären keine Leidenschaften, wenn sie nicht übertrieben.
Nicolas Sébastien de Chamfort

Die tiefen Wahrheiten über
Natur und Welt

Die Erde ist unsere Mutter, sie nährt uns.
Was wir in sie hineinlegen, gibt sie uns zurück.
Indianisches Sprichwort

Wenn der Mensch doch aufhörte, sich auf die Grau-
samkeit der Natur zu berufen, um seine eigene zu ent-
schuldigen! Er vergisst, wie unendlich schuldlos auch
noch das Fürchterlichste in der Natur geschieht.
Rainer Maria Rilke

Katastrophen kennt allein der Mensch, sofern er sie
überlebt; die Natur kennt keine Katastrophen.
Max Frisch

Die Physik erklärt die Geheimnisse der Natur nicht, sie
führt sie auf tieferliegende Geheimnisse zurück.
Carl Friedrich von Weizsäcker

Unsere gemeinsame Mutter Natur zeigt ihren Kindern immer deutlicher, dass ihr der Geduldsfaden gerissen ist.

Tenzin Gyatso, XIV. Dalai Lama

Die Welt gleicht einem Schachspiel, sie ändert sich mit jedem Zug.

Chinesisches Sprichwort

Betrachte die ganze Natur, wovon du nur ein winziges Stücklein bist, und das ganze Zeitmaß, von welchem nur ein kurzer und kleiner Abschnitt dir zugewiesen ist, und das Schicksal, wovon das deinige nur einen Bruchteil bildet.

Mark Aurel

Wir haben uns die Erde nicht unterworfen. Wir haben ihr nur tiefe Wunden geschlagen.

Georg Simmel

Was mich wirklich interessiert ist, ob Gott bei der Erschaffung der Welt überhaupt eine andere Wahl gehabt hat.

Albert Einstein

Die Welt ist ein schöner Ort und wert, dass man um sie kämpft.
Ernest Hemingway

Wir haben die Erde nicht von unseren Eltern geerbt, sondern von unseren Kindern geliehen.
Indianisches Sprichwort

Die Welt ist voll von Sachen, und es ist wirklich nötig, dass sie jemand findet.
Astrid Lindgren

Die Ordnung der Welt ist die Schönheit der Welt.
Simone Weil

Die schönsten Dinge auf der Welt sind die nutzlosesten; zum Beispiel Pfauen und Lilien.
John Ruskin

Ich bin ganz sicher, die Generation, die kommen wird, wird uns, die Heutigen, fragen, wo wir waren, als dreiviertel der Natur in weniger als 30 Jahren ausgerottet werden konnte.
Eugen Drewermann

Zwei Dinge erfüllen das Gemüt mit immer neuer und zunehmender Bewunderung und Ehrfurcht, je öfter und anhaltender sich das Nachdenken damit beschäftigt: Der bestirnte Himmel über mir und das moralische Gesetz in mir.

Immanuel Kant

Es gibt Gegenden in der Welt, die so schön sind, dass man sie an sein Herz pressen möchte.

Gustave Flaubert

Kein Mensch, wenn er die Welt sieht, die sie ihm hinterlassen, versteht seine Eltern.

Max Frisch

Meine Generation weiß, dass sie die Welt nicht neu erbauen wird. Aber vielleicht fällt ihr eine noch größere Aufgabe zu. Sie besteht darin, den Zerfall der Welt zu verhindern.

Albert Camus

Die Natur hat uns einen wissbegierigen Geist gegeben und hat uns im Bewusstsein ihrer edlen Bildung und Schönheit zu Zuschauern dieses herrlichen Schauspiels bestimmt. Sie würde sich nämlich um die Wirkung ihres Seins bringen, wenn sie alle diese großen, wundervollen, feinen, glänzenden und nicht nur auf eine Art schönen Erscheinungen lediglich dem öden Weltenraum darböte.

Seneca d. J.

Blumen sind das Lächeln der Natur. Es geht auch ohne sie, aber nicht so gut.

Max Reger

Wir sind so gern in der freien Natur, weil diese keine Meinung über uns hat.

Friedrich Nietzsche

Die tiefen Wahrheiten über Rätsel und Wunder

Es gibt kein Wunder für den, der sich nicht wundern kann.
Marie von Ebner-Eschenbach

Nie kann die Wissenschaft das Irrationale bewältigen. Darum hat sie auf dieser Welt auch keine Zukunft.
Oscar Wilde

Es gibt Wunder, von denen man besser schweigt. Man tut sogar besser daran, nicht zu viel an sie zu denken.
Antoine de Saint-Exupéry

Auch das kleinste Ding hat seine Wurzel in der Unendlichkeit, ist also nicht völlig zu ergründen.
Wilhelm Busch

Wer sich nicht mehr wundern kann, ist seelisch bereits tot.
Albert Einstein

Die Lösung des Rätsels des Lebens in Raum und Zeit
liegt außerhalb von Raum und Zeit.
Ludwig Wittgenstein

An Wundern ist niemals Mangel in dieser Welt, sondern nur am Sichwundernkönnen.
Gilbert Keith Chesterton

Wir tappen alle in Geheimnissen und Wundern.
Johann Wolfgang von Goethe

Alltag ist nur durch Wunder erträglich.
Max Frisch

Das Wunder ist das einzig Reale.
Christian Morgenstern

Wunder stehen nicht im Gegensatz zur Natur, sondern
nur im Gegensatz zu dem, was wir über die Natur
wissen.
Augustinus von Canterbury

Der Mensch gewöhnt sich rasch an die Wunder, die er selbst vollbringt.
François Mauriac

Ich glaube nicht an Wunder. Ich habe ihrer zu viele gesehen.
Oscar Wilde

Wunder geschehen plötzlich. Sie lassen sich nicht herbeiwünschen, sondern kommen ungerufen, meist in den unwahrscheinlichsten Augenblicken, und widerfahren denen, die am wenigsten damit gerechnet haben.
Georg Christoph Lichtenberg

Wie wenig Lärm machen die wirklichen Wunder.
Antoine de Saint-Exupry

Wer nicht an Wunder glaubt, ist kein Realist.
David Ben Gurion

Die Welt ist voller Rätsel, für diese Rätsel aber ist der Mensch die Lösung.
Joseph Beuys

Die tiefen Wahrheiten über
das Schicksal

Das Schicksal mischt die Karten, und wir spielen.
Arthur Schopenhauer

Jeder Mensch hat sein eignes Schicksal, weil jeder Mensch seine Art zu sein und zu handeln hat.
Johann Gottfried von Herder

Wir werden vom Schicksal hart oder weich geklopft. Es kommt auf das Material an.
Marie von Ebner-Eschenbach

Du bist heute, was du gestern gedacht hast.
Buddha (Siddhartha Gautama)

Zufall? Schicksal? Ich glaube, je älter ich werde, an Schicksal, nicht an Zufälle.
Heinz Rühmann

Gott gebe mir die Gelassenheit, die Dinge hinzunehmen, die ich nicht ändern kann,
den Mut, die Dinge zu ändern, die ich ändern kann,
und die Weisheit, das eine vom anderen zu unterscheiden.
Reinhold Niebuhr

Im Glück sagt sich der Lebenskünstler, dass es kaum besser hätte kommen können. Im Unglück sagt er sich, dass es noch schlimmer hätte kommen können.
Paul Hörbiger

Man soll das Schicksal nicht mit Vorschlägen verärgern, es legt zu viel Wert auf seine eigenen Einfälle.
Karl Heinrich Waggerl

Früher haben wir gedacht, unser Schicksal stünde in den Sternen. Heute wissen wir, es liegt mehr oder weniger in unseren Genen.
James Watson

Wie könnte man da von einem Schicksal erwarten, dass es einer gerechten Sache den Sieg gebe, da sich kaum einer findet, der sich ungeteilt einer gerechten Sache opfert.
Sophie Scholl

Bei furchtbaren Schicksalsschlägen das ganz Gewöhnliche tun, das hilft uns über den Abgrund.
Martin Kessel

Das leichte Rad des Schicksals dreht sich in schnellen Kreisen.
Tibull

Gewiss ist es fast noch wichtiger, wie der Mensch sein Schicksal nimmt, als wie sein Schicksal ist.
Wilhelm von Humboldt

Von allen Geschenken, die uns das Schicksal gewährt, gibt es kein größeres Gut als die Freundschaft – keinen größeren Reichtum, keine größere Freude.
Epikur

Das Schicksal ereilt einen oft gerade auf den Wegen, die man eingeschlagen hat, um ihm zu entgehen.
Jean de La Fontaine

Das Schicksal geht manchmal seltsame Wege zu einem notwendigen Ziel.
Richard von Weizsäcker

Das Schicksal wird im Leben oft »Zufall« genannt.
Oswald Spengler

Ein Zufall, der Gutes bringt, wird als Vorsehung ange-
sehen, ein Zufall jedoch, der böse ausgeht, ist Schicksal.
Knut Hamsun

Das Schicksal ist erfinderischer als der Mensch.
Karl Emil Franzos

Das Einzige, was du auf der Welt verändern kannst, ist
die Lage deines Kopfkissens.
Gabriel García Márquez

Das Schicksal des Menschen ist der Mensch.
Bertolt Brecht

Der Zufall ist ein Rätsel, welches das Schicksal dem
Menschen aufgibt.
Friedrich Hebbel

Einsamkeit ist der Weg, auf dem das Schicksal den
Menschen zu sich selber führen möchte.
Hermann Hesse

Der Charakter des Menschen ist sein Schicksal.
Heraklit

Keine Berechnung kann das Schicksal besiegen.
Ovid

Man muss es mit dem Schicksal halten wie mit dem Befinden des Körpers: es genießen, wenn es gut ist, sich gedulden, wenn es schlecht ist, und nur in der äußersten Not starke Heilmittel anwenden.
François de La Rochefoucauld

Ich will mich nicht mit Sachen aufhalten, die man nicht ändern kann.
Thomas Fuller

Die tiefen Wahrheiten über den Schmerz

Der Schmerz ist der große Lehrer der Menschen. Unter seinem Hauche entfalten sich die Seelen.
Marie von Ebner-Eschenbach

Der Schmerz macht, dass wir Freude fühlen, so wie das Böse macht, dass wir das Gute erkennen.
Ewald Christian von Kleist

Es gibt keinen Schmerz, der nicht zu übertreffen wäre, das einzig Unendliche ist der Schmerz.
Elias Canetti

Niemand weiß, wie weit seine Kräfte gehen können, bis er sie versucht hat.
Johann Wolfgang von Goethe

Schicksalsschläge lassen sich ertragen – sie kommen von außen, sind zufällig.
Aber durch eigene Schuld leiden – das ist der Stachel des Lebens.
Oscar Wilde

Jede Freude füllt, jeder Schmerz leert dich, aber in jener hat noch Sehnsucht Platz, in diesem noch Zuversicht.
Jean Paul

Ich meine, es müsste einmal ein sehr großer Schmerz über die Menschen kommen, wenn sie erkennen, dass sie sich nicht geliebt haben, wie sie sich hätten lieben sollen.
Christian Morgenstern

Je vollkommener, desto mehr Schmerzen.
Michelangelo

Unsere größte Angst als einen Zwischenfall ohne Bedeutung ansehen, nicht nur im Leben des Weltalls, sondern in dem unserer eigenen Seele, das ist der Anfang der Weisheit. Sie mitten in der Angst so ansehen ist die vollkommene Weisheit. In dem Augenblick, in dem wir leiden, scheint der menschliche Schmerz unendlich zu sein. Doch weder ist der menschliche Schmerz un-

endlich, noch ist unser Schmerz mehr wert als eben ein Schmerz, den wir ertragen müssen.
Fernando Pessoa

Das ist meine allerschlimmste Erfahrung: Der Schmerz macht die meisten Menschen nicht groß, sondern klein.
Christian Morgenstern

Stets glücklich zu sein und ohne Schmerz durch das Leben zu gehen heißt, nur eine Seite der Natur zu kennen.
Seneca d. J.

Kein Schmerz ist größer, als sich der Zeit des Glückes zu erinnern, wenn man im Elend ist.
Dante Alighieri

Dass die Schmerzen miteinander abwechseln, macht das Leben erträglich.
Friedrich Hebbel

Als ich meinen Schmerz auf den Acker der Geduld pflanzte, brachte er die Frucht des Glücks hervor.
Khalil Gibran

Die tiefen Wahrheiten über
die Seele

Die menschliche Seele hat ihr Lebensalter wie der Körper.
Johann Gottfried von Herder

Das höchste Gut ist die Harmonie der Seele mit sich selbst.
Seneca d. J.

Die Seele hat die Farbe unserer Gedanken.
Mark Aurel

Die Liebe trägt die Seele, wie die Füße unseren Körper tragen.
Katharina von Siena

Jede Seele ist unsterblich; denn das Stetsbewegte ist unsterblich.
Platon

Die Liebe ist ein Erleben des anderen in der eigenen Seele. Wo Liebe, wo Mitgefühl sich regen im Leben, vernimmt man den Zauberhauch des die Sinneswelt durchdringenden Geistes.

Rudolf Steiner

Auf den Geist muss man schauen. Denn was nützt ein schöner Körper, wenn in ihm nicht eine schöne Seele wohnt.

Euripides

Man soll sich mehr um die Seele als um den Körper kümmern; denn die Vollkommenheit der Seele richtet die Schwächen des Körpers auf, aber geistlose Kraft des Körpers macht die Seele nicht besser.

Demokrit

Der Ehrgeiz ist für die Seele, was der Hunger für den Leib ist.

Carl Ludwig Börne

Die Freude finden wir nicht in den Dingen, sondern in der Tiefe unserer Seele.

Thérèse von Lisieux

Der Körper ist der Übersetzer der Seele ins Sichtbare.
Christian Morgenstern

❧

Das Gewissen ist die Stimme der Seele. Die Leidenschaften sind die Stimme des Körpers.
Jean-Jacques Rousseau

❧

Kein Mensch hat das Recht, einen anderen zu tadeln oder zu verurteilen, denn tatsächlich kennt kein Mensch zuverlässig den anderen, und niemand kann in die Seele des anderen schauen.
Sir Thomas Browne

❧

Die Schönheit der Dinge lebt in der Seele dessen, der sie betrachtet.
David Hume

❧

Die Harmonie von Seele und Leib – wie viel das bedeutet!
Oscar Wilde

❧

Die Sprache ist ein Spiegel der Seele: Wie ein Mensch spricht, so ist er.
Publilius Syrus

Das Herz ist das Organ der Seele, so wie der Geist das Organ des Verstandes ist.

Théodore Jouffroy

Wahrscheinlich kann man vom Nichtwollen seelisch nicht leben; eine Sache nicht tun wollen, das ist auf Dauer kein Lebensinhalt.

Thomas Mann

Verlöscht den Glauben an Gott, und es wird Nacht in der Seele des Menschen.

Alphonse de Lamartine

Ein schwacher Körper schwächt die Seele.

Jean-Jacques Rousseau

Was unsere Sinnlichkeit betrifft, so kann sie wahrhaft als unsere Seele bezeichnet werden, weil sie Einheit mit Gott hat. Denn Gott verachtet nicht, was er geschaffen hat, und er verschmäht auch nicht, uns in den einfachsten natürlichen Funktionen unseres Körpers zu helfen. Dies tut er aus Liebe zur Seele, die er nach seinem Bild geschaffen hat. Gott ist das Mittel, das unser Wesen und unsere Sinnlichkeit zusammenhält, so dass sie niemals getrennt sind.

Juliana von Norwich

Gott hat deiner Seele Flügel gegeben, um dich in den weiten Himmel von Liebe und Freiheit zu erheben. Ist es nicht traurig, dass du die Flügel mit deinen eigenen Händen brichst und es zulässt, dass deine Seele wie ein Insekt auf dem Boden kriecht?
Khalil Gibran

❧

Ich merke, dass man mit dem Geiste (oder dem Verstand) wuchern kann, und dass die Seele dabei verhungern kann.
Sophie Scholl

❧

Es ist unglaublich, wie viel Kraft die Seele dem Körper zu leihen mag.
Wilhelm von Humboldt

❧

Leib und Seele sind nicht zwei Substanzen, sondern eine. Sie sind der Mensch, der sich selbst in verschiedener Weise kennenlernt.
Carl Friedrich von Weizsäcker

❧

Die Seele kommt alt zur Welt und wird jung. Das ist die Komödie des Lebens. Der Leib kommt jung zur Welt und wird alt. Das ist die Tragödie des Lebens.
Oscar Wilde

In bestimmten Fällen kann Panik durchaus von Nutzen sein. Sie dauert nie lange, bereichert unser Wissen und stärkt die Seele.
Thomas Paine

Sagt nicht: »Ich habe die Wahrheit gefunden«, sondern: »Ich habe eine Wahrheit gefunden.« Sagt nicht: »Ich habe den Weg der Seele gefunden.« Sagt: »Ich bin auf meinem Weg der wandernden Seele begegnet.« Denn die Seele wandelt auf allen Wegen. Die Seele kennt keinen geraden Weg, noch wächst sie wie ein Schilfrohr. Die Seele entfaltet sich, gerade so wie ein tausendblättriger Lotus.
Khalil Gibran

Das Denken ist das Selbstgespräch der Seele.
Platon

Die tiefen Wahrheiten über
den Sinn des Lebens und die Weisheit

Sinn kann nicht gegeben, sondern muss gefunden werden.
Viktor E. Frankl

Der Sinn des Lebens ist das Leben selbst.
Moderne Volksweisheit

Das Leben ist ein Versuch, die Leere zu füllen. Die
meisten tun es mit Essen, was redlicher ist als mit Ge-
schwätz.
Joseph Arthur de Gobineau

Wie ein Theaterstück ist das Leben, nicht wie lange,
sondern wie gut es gespielt wurde, darauf kommt es an.
Seneca d. J.

Begeisterung erhebt das Leben über das Alltägliche
und verleiht ihm erst einen Sinn.
Norman Vincent Peale

Denn Sinn erhält das Leben einzig durch die Liebe. Das heißt: Je mehr wir zu lieben und uns hinzugeben fähig sind, desto sinnvoller wird unser Leben.
Hermann Hesse

Für neunzig Prozent der Menschen besteht der Sinn des Lebens darin, es zu fristen.
Helmut Qualtinger

Das Meisterstück eines Menschen, auf das er besonders stolz sein kann, ist, sinnvoll zu leben; alles Übrige, wie regieren, Schätze sammeln, Bauten errichten, sind Nebensachen.
Michel de Montaigne

Wer Bäume setzt, obwohl er weiß, dass er nie in ihrem Schatten sitzen wird, hat zumindest angefangen, den Sinn des Lebens zu begreifen.
Rabindranath Tagore

Du bist die Aufgabe. Kein Schüler weit und breit.
Franz Kafka

Man muss leben, damit man sich mit dem Tod an-
freundet …
Astrid Lindgren

Wenn durch einen Menschen ein wenig mehr Licht
und Wahrheit in der Welt war, hat sein Leben einen
Sinn gehabt.
Alfred Delp

Wer keinen Sinn im Leben sieht, ist nicht nur unglück-
lich, sondern kaum lebensfähig.
Albert Einstein

Die Geburt ist nicht ein augenblickliches Ereignis, sondern ein dauernder Vorgang. Das Ziel des Lebens ist
es, ganz geboren zu werden, und seine Tragik, dass die
meisten von uns sterben, bevor sie ganz geboren sind.
Zu leben bedeutet, jede Minute geboren zu werden.
Der Tod tritt ein, wenn die Geburt aufhört.
Erich Fromm

Was der Sinn des Lebens ist, weiß keiner genau. Je-
denfalls hat es wenig Sinn, der reichste Mann auf dem
Friedhof zu sein.
Sir Peter Ustinov

Der Sinn des Lebens besteht darin, glücklich zu sein.
Tenzin Gyatso, XIV. Dalai Lama

Wissen können wir von anderen lernen. Weisheit müssen wir uns selber lehren.
Axel Munthe

Viele denken an nichts anderes als an das, was andere über sie denken. Weisheit aber ist, wenn man sich selbst nichts mehr weismacht.
Gerhard Uhlenbruck

Die Weisheit eines Menschen misst man nicht nach seiner Erfahrung, sondern nach seiner Fähigkeit, Erfahrungen zu machen.
George Bernard Shaw

Die drei großen Tugenden: Neidlosigkeit, Furchtlosigkeit, Geduld. Wer sie besitzt, hat den ersten Schritt zur Weisheit getan.
Frank Thiess

Weisheit ist eine Tugend des Alters, und sie kommt wohl nur zu denen, die in ihrer Jugend weder weise waren noch besonnen.
Hannah Arendt

Das ist der Weisheit letzter Schluss:
Nur der verdient sich Freiheit wie das Leben,
Der täglich sie erobern muss.
Johann Wolfgang von Goethe

Glück regiert das Leben, nicht Weisheit.
Marcus Tullius Cicero

Weisheit kommt nach der Enttäuschung.
George Santayana

Die wahre Lebensweisheit besteht darin, im Alltäglichen das Wunderbare zu sehen.
Pearl S. Buck

Die tiefen Wahrheiten über
Sorge und Angst

Das Tal der Sorgen ist umgeben von Bergen des Glücks.
Erhard H. Bellermann

Nicht-Erleuchtete erkennen nicht, dass sie selbst die Ursache all ihrer Sorgen sind.
Anthony de Mello

Die Sorge treibt mich ins Gebet hinein, und dieses wieder aus der Sorge hinaus.
Ulrich Zwingli

Sorge macht alt vor der Zeit.
Bibel

Wie einfach wäre das Leben, wenn sich die unnötigen Sorgen von den echten unterscheiden ließen!
Karl Heinrich Waggerl

Die Liebe zu fürchten bedeutet, das Leben zu fürchten, und wer das Leben fürchtet, ist bereits zu drei Vierteln tot.
Bertrand Russell

Sich sorgen ist fast so gut wie sich freuen. Unerträglich wird das Leben für den, der weder Freuden noch Sorgen hat.
Henry Wadsworth Longfellow

Es ist nichts zu fürchten als die Furcht.
Carl Ludwig Börne

Wir sind voller Angst – allerdings vor den falschen Problemen.
Hoimar von Ditfurth

Angst ist für die Seele ebenso gesund wie ein Bad für den Körper.
Maxim Gorki

Das älteste und stärkste Gefühl ist Angst, die älteste und stärkste Form der Angst ist die Angst vor dem Unbekannten.
H. P. Lovecraft

Man hat nur Angst, wenn man mit sich selber nicht einig ist.
Hermann Hesse

Kein Unglück ist in Wirklichkeit so groß wie unsere Angst.
Franz Werfel

Wir müssen immerfort Deiche des Mutes bauen gegen die Flut der Furcht.
Martin Luther King

Weiche dem Unheil nicht, sondern geh ihm mutig entgegen!
Vergil

Es gehört Mut dazu, sich seiner Angst zu stellen und sie auszuhalten.
Hoimar von Ditfurth

Wer nichts fürchtet, kann leicht ein Bösewicht werden, aber wer zu viel fürchtet, wird sicher ein Sklave.
Johann Gottfried Seume

Ein bisschen Furcht vor etwas Bestimmtem ist gut. Sie dämpft die viel größere Furcht vor etwas Unbestimmtem.
Robert Musil

Die tiefen Wahrheiten über
Trennung und Abschied

Nur in den Minuten des Wiedersehens und der Trennung wissen es die Menschen, welche Fülle der Liebe ihr Busen verbarg, und nur darin wagen sie es, der Liebe eine zitternde Zunge und ein überfließendes Auge zu geben.
Jean Paul

Die Liebe kennt ihre Tiefe nicht bis zur Stunde der Trennung.
Khalil Gibran

Von dem, was du erkennen und messen willst, musst du Abschied nehmen, wenigstens auf eine Zeit. Erst wenn du die Stadt verlassen hast, siehst du, wie hoch sich ihre Türme über die Häuser erheben.
Friedrich Nietzsche

In jeder Art von Liebe sollte auch immer ein wenig Trennung und Absonderung sein.
Rabindranath Tagore

Das Leben ist ein ewiger Abschied. Wer aber von seinen Erinnerungen genießen kann, lebt zweimal.
Martial

Abschiedsworte müssen kurz sein wie Liebeserklärun-
gen.
Theodor Fontane

Den Abschied muss man nehmen, nicht erdulden.
Unbekannter Verfasser

Jeder Abschied ist betäubend. Man denkt und emp-
findet weniger, als man glaubte.
Johann Gottfried von Herder

Beim Abschiednehmen kommt ein Augenblick, in dem
man die Trauer so stark vorausfühlt, dass der geliebte
Mensch schon nicht mehr bei einem ist.
Gustave Flaubert

Das Leben ist ein beständiges Abschiednehmen. Jeden
Abend nimmt man von einem Tage Abschied, oft mit
einem Seufzer der Erleichterung, aber oft auch mit
Schmerz.
Ricarda Huch

Im Moment des Zusammenkommens beginnt die Trennung.
Senegalesisches Sprichwort

Irgendwo blüht die Blume des Abschieds und streut immerfort Blütenstaub, den wir atmen, herüber; auch noch im kommendsten Wind atmen wir Abschied.
Rainer Maria Rilke

Ein Abschied schmerzt immer, auch wenn man sich schon lange darauf freut.
Arthur Schnitzler

Erst dann hört man auf, jung zu sein, wenn ein Verlangen nach dem andern Abschied nimmt oder totgemacht wird.
Franziska zu Reventlow

Kein Abschied auf der Welt fällt schwerer als der Abschied von der Macht.
Charles Maurice de Talleyrand-Périgord

Man ist unzufrieden, wenn jemand, dem man doch selber den Abschied gegeben hat, sich bald tröstet.
Otto Flake

Rasche Abschiede sind unliebevoll, und lange sind unerträglich.
Robert Walser

Wenn wir Abschied nehmen, wird unsere Neigung zu dem, was wir schätzen, immer noch etwas wärmer.
Michel de Montaigne

Der Abschied ist die Geburt der Erinnerung.
Unbekannter Verfasser

Die tiefen Wahrheiten über
die Treue

Vertrauen ist gut, Treue ist Kraft.
Marie von Ebner-Eschenbach

Wenn Treue nicht ein Gegengeschenk ist, dann ist sie
die törichtste aller Verschwendungen.
Arthur Schnitzler

Die Treue ist der längere oder kürzere, mitunter fast
wehmütige Nachhall der Liebe.
Heimito von Doderer

Was man an einem Menschen sucht, ist Liebe und
Treue.
Bibel

Treue im Kleinsten macht Treue dir leicht im Größten.
Johann Kaspar Lavater

Liebe und Treue sind unzertrennlich.
Christina von Schweden

Treue kann man nicht verlangen. Treue ist ein Geschenk.
Lilli Palmer

Ein treuer Freund ist so viel wert wie zehntausend Verwandte.
Euripides

Für einen treuen Freund kann keiner zu viel tun.
Henrik Ibsen

Wer sich selbst treu bleiben will, kann nicht immer anderen treu bleiben.
Christian Morgenstern

Wer nicht treu sein kann, ist gewöhnlich auch nicht tolerant, denn beide, Treue und Toleranz, setzen Bereitschaft zur Bindung voraus.
Ernst R. Hauschka

Treue ist kein Gefühl, sondern eine Entscheidung.
Unbekannter Verfasser

Erst in einer Zeit der Unruhe kann man Treue erkennen.
Konfuzius

Die Treulosigkeit ist sozusagen eine Lüge der ganzen Person.
Jean de La Bruyère

Treulos ist, wer Lebewohl sagt, wenn die Straße dunkel wird.
J. R. R. Tolkien

Die tiefen Wahrheiten über Verantwortung und Handeln

Wir haben die Pflicht, stets die Folgen unserer Handlungen zu bedenken.
Mahatma Gandhi

Nur das Denken, das wir leben, hat einen Wert.
Hermann Hesse

Der Preis der Größe heißt Verantwortung.
Sir Winston Churchill

Wir sind nicht nur verantwortlich für das, was wir tun, sondern auch für das, was wir nicht tun.
Molière

Der Freiheit folgt zwangsläufig die Verantwortung.
Ernst Ferstl

Man muss etwas machen, um selbst keine Schuld zu haben. Dazu brauchen wir einen harten Geist und ein weiches Herz. Wir haben alle unsere Maßstäbe in uns selbst, nur suchen wir sie zu wenig.

Sophie Scholl

Alles Gute auf der Welt geschieht nur, wenn einer mehr tut, als er tun muss. Das Gute, das ich nicht tue, kann niemand für mich tun.

Hermann Gmeiner

Ethik ist ins Grenzenlose erweiterte Verantwortung gegen alles, was lebt.

Albert Schweitzer

Sobald wir nämlich die persönliche Verantwortung übernehmen für alles, was geschieht, wird uns auch klar, dass wir eine individuelle Welt und eine schöne Welt aufbauen können.

Anaïs Nin

Es ist sinnlos zu sagen: Wir tun unser Bestes. Es muss dir gelingen, das zu tun, was erforderlich ist.

Sir Winston Churchill

Sein Jahrhundert kann man nicht verändern, aber man kann sich dagegenstellen und glückliche Wirkungen vorbereiten.

Johann Wolfgang von Goethe

Ich will euch nur sagen, dass es gefährlich ist, zu lange zu schweigen. Die Zunge verwelkt, wenn man sie nicht gebraucht.

Astrid Lindgren

Mensch sein heißt Verantwortung fühlen: sich schämen beim Anblick einer Not, auch wenn man offenbar keine Mitschuld an ihr hat; stolz sein über den Erfolg der Kameraden; seinen Stein beitragen im Bewusstsein, mitzuwirken am Bau der Welt.

Antoine de Saint-Exupéry

Der Weise scheint in seinem Handeln langsam und ist doch schnell, er scheint zögernd und ist doch geschwind: weil er auf die rechte Zeit wartet.

Lü Bu We

Nichts ist schwerer und erfordert mehr Charakter, als sich im offenen Gegensatz seiner Zeit zu befinden und laut zu sagen: NEIN!

Kurt Tucholsky

Ich beschäftige mich nicht mit dem, was getan worden ist. Mich interessiert, was getan werden muss.
Marie Curie

Die Farben unserer Handlungen hängen von den Farben unserer Stimmungen ab, wie die Farben einer Landschaft vom jeweiligen Licht.
Francis Bacon

Wer weiß, was er zu tun hat und tut es nicht, der macht sich schuldig.
Bibel

Niemand beging einen größeren Fehler als jener, der nichts tat, weil er nur wenig tun konnte.
Edmund Burke

Der Mensch sollte alle seine Werke zunächst einmal in seinem Herzen erwägen, bevor er sie ausführt.
Hildegard von Bingen

An allem Unfug, der passiert, sind nicht etwa nur die schuld, die ihn tun, sondern auch die, die ihn nicht verhindern.
Erich Kästner

Der Mensch muss historisch verantwortlich und bewusst sein. Er muss sich selbst sehen als Glied in einer langen Kette, das verantwortlich ist für die Glieder der Vergangenheit sowohl wie für die der Zukunft, nicht frei, die Vergangenheit oder Zukunft zu zerstören oder etwas als Gegenstand seiner Launen und Einfälle zu benutzen.

Yehudi Menuhin

Der Gegensatz zur Pflicht ist nicht Pflichtlosigkeit, sondern die Verantwortung.

Hans A. Pestalozzi

Wer eine Not erblickt und wartet, bis er um Hilfe gebeten wird, ist ebenso schlecht, als ob er sie verweigert hätte.

Dante Alighieri

Es kann sein, dass Menschen verantwortlich sind, aber es gibt keine Schuldigen.

Albert Camus

Manchmal muss man etwas tun, weil man sonst kein Mensch ist, sondern nur ein Häuflein Dreck.

Astrid Lindgren

Freiheit bedeutet Verantwortlichkeit; das ist der Grund, warum sich die meisten Menschen vor ihr fürchten.
George Bernard Shaw

❧

Der Weg zum Ziel beginnt an dem Tag, an dem du die hundertprozentige Verantwortung für dein Tun übernimmst.
Dante Alighieri

❧

Verantwortung zu tragen, das wurde uns nicht gepredigt, das ergab sich einfach in der Gemeinschaft.
Marion Gräfin Dönhoff

❧

Ich bin nach wie vor der Meinung, das Beste getan zu haben, was ich gerade jetzt für mein Volk tun konnte. Ich bereue deshalb meine Handlungsweise nicht und will die Folgen, die mir aus meiner Handlungsweise erwachsen, auf mich nehmen.
Sophie Scholl

❧

Und wenn wir sagen, dass der Mensch für sich selber verantwortlich ist, so wollen wir nicht sagen, dass der Mensch gerade eben nur für seine Individualität verantwortlich ist, sondern dass er verantwortlich ist für alle Menschen.
Jean-Paul Sartre

Die tiefen Wahrheiten über
die Vernunft

Ich fühle mich nicht zu dem Glauben verpflichtet, dass derselbe Gott, der uns mit Sinnen, Vernunft und Verstand ausgestattet hat, von uns verlangt, dieselben nicht zu benutzen.

Galileo Galilei

Die Vernunft errötet über die Neigungen, über die sie nicht Rechenschaft ablegen kann.

Luc de Vauvenargues

Da die Vernunft in der richtigen Anpassung der Mittel an die Zwecke besteht, kann sie nur von denen bekämpft werden, die es für gut befinden, dass die Menschen Mittel wählen, mit denen sich ihre Zwecke nicht verwirklichen lassen.

Bertrand Russell

Die Vernunft formt den Menschen, das Gefühl leitet ihn.

Jean-Jacques Rousseau

Sich an die Vernunft halten wäre schön, wenn es eine Vernunft gäbe!
Friedrich Nietzsche

❧

Es gibt Fälle, in denen vernünftig sein feige sein heißt.
Marie von Ebner-Eschenbach

❧

Die Vernunft erscheint im Leben zuletzt; je mehr sie erkennt, je reifer sie wird, umso mehr lassen Gefühl und Einbildungskraft nach, jene beiden Kräfte, denen jede nachhaltige Initiative und jede echte Begeisterung entstammt.
Francesco de Sanctis

❧

Vernunft ist innere Freiheit.
Stanislaw Lem

❧

Wir werden eher durch das Schicksal als durch unsere Vernunft gebessert.
François de La Rochefoucauld

❧

Helfen und Lieben ist der reifste und vollkommenste Ausdruck menschlicher Vernunft.
Hermann Gmeiner

Was vernünftig ist, das ist wirklich. Und was wirklich ist, das ist vernünftig.
Georg Wilhelm Friedrich Hegel

Die Vernunft ist des Herzens größte Feindin.
Giacomo Casanova

Die höchste Vernunft spricht nicht nur die Sprache des bloßen Verstandes, sondern sie spricht auch die Sprache ihrer Mutter, der Liebe, welche der Anfang aller Dinge ist und darum auch der Anfang aller Erkenntnis.
Gertrud von Le Fort

Die Vernunft ist eine Fackel in einem Kerker.
Friedrich von Schiller

Die vernünftigen Menschen passen sich der Welt an; die Unvernünftigen versuchen, sie zu verändern. Deshalb hängt aller Fortschritt von den Unvernünftigen ab.
George Bernard Shaw

Die tiefen Wahrheiten über
die Zeit

Es gibt ein großes und doch ganz alltägliches Geheimnis. Alle Menschen haben daran teil, jeder kennt es, aber die wenigsten denken je darüber nach. Die meisten Leute nehmen es einfach so hin und wundern sich kein bisschen darüber. Dieses Geheimnis ist die Zeit.
Michael Ende

Die Zeit ist eine große Meisterin, sie ordnet viele Dinge.
Pierre Corneille

Die meiste Zeit verliert man damit, dass man Zeit gewinnen will.
John Steinbeck

Die Zeit ist eine Feile, die geräuschlos arbeitet.
Italienisches Sprichwort

Denke immer daran, dass es nur eine allerwichtigste Zeit gibt, nämlich: sofort!
Leo Tolstoi

Der Aufschub ist der Dieb der Zeit.
Edward Young

Alles fürchtet sich vor der Zeit, aber die Zeit fürchtet sich vor den Pyramiden.
Ägyptisches Sprichwort

Angesichts der Kürze unseres Lebens ist es mehr als verwunderlich, dass wir uns nicht mehr Zeit zum Leben nehmen.
Ernst Ferstl

Ein Mensch, dem nicht jeden Tag wenigstens eine Stunde gehört, ist kein Mensch.
Martin Buber

Die meiste Zeit geht dadurch verloren, dass man nicht zu Ende denkt.
Alfred Herrhausen

Ist die Zeit das Kostbarste unter allem, so ist Zeitverschwendung die allergrößte Verschwendung.
Benjamin Franklin

Es ist eine schöne Zeit, wo man sich noch Mühe gibt, die Zeit zu töten, aber es kommt leider nur zu schnell die Zeit, wo man merkt, dass die Zeit einen selbst tötet.
Johann Nestroy

Dreifach ist der Schritt der Zeit:
Zögernd kommt die Zukunft hergezogen,
Pfeilschnell ist das Jetzt entflogen
Ewig still steht die Vergangenheit.
Friedrich von Schiller

Jede Zeit hat ihre Propheten und ihre Gottbegeisterten.
Joseph Görres

Die Zeit verwandelt uns nicht, sie entfaltet uns nur.
Max Frisch

Die Zeit lässt alle Dinge reifen. Niemand wurde weise geboren.
Miguel de Cervantes

Nur dem Anschein nach ist die Zeit ein Fluss. Sie ist eher eine grenzenlose Landschaft, und was sich bewegt, ist das Auge des Betrachters.
Thornton Wilder

Das Leben ist zu kurz, um sich um die Zeit zu sorgen.
Walter E. Strahm

❧

Wenn die Zeit kommt, in der man könnte, ist die vorüber, in der man kann.
Marie von Ebner-Eschenbach

❧

Zeit, Ebbe und Flut warten auf niemanden.
Seemannspruch

❧

Carpe diem – Nutze den Tag!
Horaz

❧

Nur zwei Dinge können die Zeit festhalten: die Erinnerung und die Kunst.
unbekannter Verfasser

❧

An Zeit fehlt es uns vor allem dort, wo es uns am Wollen fehlt.
Ernst Ferstl

Die tiefen Wahrheiten über das, was wir tun können

Achte auf deine Gedanken,
denn sie werden Worte.
Achte auf deine Worte,
denn sie werden Handlungen.
Achte auf deine Handlungen,
denn sie werden Gewohnheiten.
Achte auf deine Gewohnheiten,
denn sie werden dein Charakter.
Achte auf deinen Charakter,
denn er wird dein Schicksal.

Aus dem Talmud

Tu, was du kannst, mit dem, was du hast und wo immer du auch bist.

Theodore Roosevelt

Nicht müde werden, sondern dem Wunder leise wie einem Vogel die Hand hinhalten.

Hilde Domin

Betrachte alles von der guten Seite.
Thomas Jefferson

Heute mach ich mir eine Freude und besuche mich selbst.
Karl Valentin

Gib blind, nimm sehend.
Deutsches Sprichwort

Fang jetzt zu leben an und zähle jeden Tag als ein Leben für sich.
Seneca d. J.

Wenn Sie sich an die Natur halten, an das Einfache in ihr, an das Kleine, das kaum einer sieht, und das so unversehens zum Großen und Unermesslichen werden kann; wenn Sie diese Liebe haben zu dem Geringen und ganz schlicht als ein Dienender das Vertrauen dessen zu gewinnen suchen, was arm scheint: dann wird Ihnen alles leichter, einheitlicher und irgendwie versöhnender werden, nicht im Verstande vielleicht, der staunend zurückbleibt, aber in Ihrem innersten Bewusstsein, Wach-sein und Wissen.
Rainer Maria Rilke

Die allerwichtigste Sache: Gutes tun, weil nur dafür der Mensch lebt.

Leo Tolstoi

Hast du eine große Freude an etwas gehabt, so nimm Abschied! Nie kommt es zum zweiten Male.

Friedrich Nietzsche

Das ist alles, was wir tun können: immer wieder von Neuem anfangen, immer und immer wieder.

Thornton Wilder

Gehe vertrauensvoll in die Richtung deiner Träume! Führe das Leben, das du dir vorgestellt hast. Wenn du dein Leben vereinfachst, werden auch die Gesetze des Lebens einfacher.

Henry David Thoreau

Sorge dich nicht – lebe!

Dale Carnegie

Um einen Schmetterling lieben zu können, müssen wir auch ein paar Raupen mögen.

Antoine de Saint-Exupéry

Suche keinen Schuldigen. Schaffe Abhilfe.
Henry Ford

Es ist von größter Wichtigkeit, dass wir lernen, über uns selbst zu lachen.
Katherine Mansfield

Suche nicht die Vernichtung, sie wird dich finden. Suche den Weg, der zur Vollendung führt.
Dag Hammarskjöld

Man muss dem Schicksal in den Rachen greifen.
Ludwig van Beethoven

Fragt nicht, was euer Land für euch tun kann – fragt, was ihr für euer Land tun könnt. Meine Mitbürger überall in der Welt, fragt nicht, was Amerika für euch tun wird, sondern was wir zusammen für die Freiheit der Menschheit tun können.
John F. Kennedy

Der Arzt verbindet nur deine Wunden. Dein innerer Arzt aber wird dich gesunden. Bitte ihn darum, sooft du kannst.
Paracelsus

Träume nicht dein Leben, sondern lebe deinen Traum!
Unbekannter Verfasser

Frieden kannst du nur haben, wenn du ihn gibst.
Marie von Ebner-Eschenbach

Wir müssen bereit werden, uns von Gott unterbrechen zu lassen.
Dietrich Bonhoeffer

Ich kann Ihnen nur raten: Hängen auch Sie Ihr ganzes Herz an die Arbeit.
Leonard Bernstein

Beruhige den Atem – und du beruhigst den Geist.
Zen-Sprichwort

Bedenke, dass die Jahre vergehen, und achte darauf, nicht immerfort das Gleiche zu tun.
Francis Bacon

Wem zu glauben ist, redlicher Freund, das kann ich dir sagen: Glaube dem Leben! Es lehrt besser als Redner und Buch.

Wilhelm Busch

Es ist nicht genug, zu wissen, man muss auch anwenden. Es ist nicht genug, zu wollen, man muss auch tun.

Johann Wolfgang von Goethe

Bittet, und ihr werdet bekommen! Sucht, und ihr werdet finden! Klopft an, und man wir euch öffnen! Denn wer bittet, der bekommt; wer sucht, der findet; und wer anklopft, dem wird geöffnet.

Bibel

Wenn dir jemand erzählt, dass die Seele mit dem Körper vergeht und dass das, was einmal tot ist, niemals wiederkommt, so sag ihm: Die Blume geht zugrunde, aber der Samen bleibt zurück und liegt vor uns, geheimnisvoll wie die Ewigkeit des Lebens.

Khalil Gibran

Der Tod geht zwei Schritte hinter dir. Nütze den Vorsprung und lebe.

Werner Mitsch

Vergiss nicht, Glück hängt nicht davon ab, wer du bist oder was du hast; es hängt nur davon ab, was du denkst.
Dale Carnegie

Seid Idealisten bis ins Greisenalter. Idealisten, die eine Idee verkörpern. Dann habt ihr gelebt.
Paula Modersohn-Becker

Teile dein Wissen. Das ist ein Weg, Unsterblichkeit zu erlangen.
Tenzin Gyatso, XIV. Dalai Lama

Sei allem Abschied voran, als wäre er hinter dir.
Rainer Maria Rilke

Wenn du recht schwer betrübt bist, dass du meinst, kein Mensch auf der Welt könnte dich trösten, so tue jemand etwas Gutes, und gleich wird's besser.
Peter Rosegger

Wenn du ein Problem hast, versuche es zu lösen. Kannst du es nicht lösen, dann mache kein Problem daraus.
Buddha (Siddhartha Gautama)

Willst du Freunde erwerben? Sei selbst freundlich, vergiss dich selber.
Dale Carnegie

So arbeiten, als könnte man ewig leben. So leben, als müsste man täglich sterben.
Don Bosco

Willst du glücklich leben, hasse niemanden und überlasse die Zukunft Gott.
Johann Wolfgang von Goethe

Sei gut zu dir und vergib den anderen.
Buddhistische Weisheit

Lerne zu arbeiten und zu warten.
Henry Wadsworth Longfellow

Halte dir jeden Tag dreißig Minuten für deine Sorgen frei, und mache in dieser Zeit ein Nickerchen.
Abraham Lincoln

Nimm dir Zeit, um zu träumen; das ist der Weg zu den Sternen.
Irisches Sprichwort

❧

Begegnen wir der Zeit, wie sie uns sucht.
William Shakespeare

❧

Wo nicht die Zeit ist, fasse dich in Reden kurz.
Sophokles

❧

Man muss nicht alles glauben, was man hört.
Marcus Tullius Cicero

❧

Wenn du es eilig hast, setze dich!
Chinesisches Sprichwort

❧

Es gilt, sein Leben lang zu arbeiten, zu kämpfen und jeden Tag neu zu beginnen. Man muss nicht nur mit anderen Geduld haben, sondern auch mit sich selbst.
Franz von Sales

❧

Bete zu Gott, aber rudere auch ans Ufer.
Russisches Sprichwort

Denke immer an das Ende, da die verlorene Zeit nicht zurückkehrt.

Thomas von Kempen

Sorgt doch, dass ihr, die Welt verlassend, nicht nur gut wart, sondern verlasst eine gute Welt!

Bertolt Brecht

Personenverzeichnis

A

Abbé Pierre (bürgerlicher Name Henri Antoine Grouès, 5. August 1912 in Lyon – 22. Januar 2007 in Paris), französischer Priester → *63*

Ælred von Rievaulx (1110 in Hexham, Northumberland – 12. Januar 1167 in Rievaulx, Yorkshire), Abt in Rievaulx → *24*

Ambrosius (um 340 in Trier – 4. April 397 in Mailand), Bischof von Mailand, abendländischer Kirchenvater → *19,31*

Amiel, Henri-Frédéric (27. September 1821 in Genf – 11. Mai 1881 ebd.), französischsprachiger Schweizer Schriftsteller und Philosoph → *55*

Andersen, Hans Christian (2. April 1805 in Odense – 4. August 1875 in Kopenhagen), dänischer Schriftsteller → *34*

Annan, Kofi Atta (8. April 1938 in Kumasi, brit. Kolonie Goldküste, heute Ghana), siebter Generalsekretär der Vereinten Nationen von Januar 1997 bis Dezember 2006, Friedensnobelpreis 2001 → *26*

Anouilh, Jean Marie Lucien Pierre (23. Juni 1910 in Bordeaux – 3. Oktober 1987 in Lausanne), französischer Dramatiker → *29*

Arendt, Hannah (eigentlich Johanna Arendt, 14. Oktober 1906 in Linden, Hannover – 4. Dezember 1975 in New York), jüdische Publizistin und Gelehrte deutscher Herkunft → *102*

Aristoteles (384 v. Chr. in Stageira/Makedonien – 322 v. Chr. in Chalkis/Euböa), griechischer Philosoph, Naturforscher → *18, 21, 67*

Arnim, Achim von (eigentlich Ludwig Joachim von Arnim, 26. Januar 1781 in Berlin – 21. Januar 1831 in Wiepersdorf bei Jüterbog), deutscher Dichter → *39*

Auerbach, Berthold (eigentlich Moses Baruch Auerbach, 28. Februar 1812 in Nordstetten bei Horb am Neckar – 8. Februar 1882 in Cannes), deutscher Schriftsteller → *17*

Augustinus, Aurelius (13. November 354 in Tagaste, Numidien –
28. August 430 in Hippo Regius im heutigen Algerien), römisch-
lateinischer Bischof in Nordafrika, abendländischer Kirchenvater
→ *73*

Augustinus von Canterbury (6. Jahrhundert v.Chr. in Italien –
26. Mai 604 [oder 605] in Canterbury), erster Erzbischof von
Canterbury → *36, 82*

Auster, Paul Benjamin (3. Februar 1947 in Newark, New Jersey), amerikanischer Schriftsteller → *10*

B

Bacon, Francis Baron Verulam and Viscount St. Albans (22. Januar
1561 in London – 9. April 1626 ebd.), englischer Philosoph und
Staatsmann → *60, 117, 131*

Balzac, Honoré de (20. Mai 1799 in Tours – 18. August 1850 in Paris),
französischer Schriftsteller → *41, 43*

Bang, Herman Joachim (20. April 1857 in Asserballe, Alsen – 29. Januar 1912 in Ogden, Utah), dänischer Schriftsteller → *9*

Beauvoir, Simone de (9. Januar 1908 in Paris – 14. April 1986 ebd.),
französische Schriftstellerin, Philosophin und Feministin → *69*

Beethoven, Ludwig van (17. Dezember 1770 in Bonn – 26. März 1827
in Wien), deutscher Komponist → *130*

Bellermann, Erhard H. (13. Juli 1937 in Lodz), deutscher Schriftsteller
→ *103*

Ben Gurion, David (16. Oktober 1886 in Płońsk, Polen – 1. Dezember
1973 in Tel Aviv-Jaffa), israelischer Politiker → *83*

Bernanos, Georges (20. Februar 1888 in Paris – 5. Juli 1948 in Neuilly-
sur-Seine), französischer Schriftsteller → *17, 33*

Bernstein, Leonard (25. August 1918 in Lawrence, Massachusetts –
14. Oktober 1990 in New York City), amerikanischer Komponist,
Dirigent und Pianist → *131*

Beuys, Joseph (12. Mai 1921 in Krefeld – 23. Januar 1986 in Düsseldorf), deutscher Objektkünstler, Aktionist und Zeichner → *83*

Bierbaum, Otto Julius (28. Juni 1865 in Grünberg, Niederschlesien –
1. Februar 1910 in Dresden), deutscher Schriftsteller → *64*

Bierce, Ambrose Gwinnett (24. Juni 1842 in Meigs County, Ohio –

1914 in Chihuahua, Mexiko), amerikanischer Schriftsteller und Journalist → *28*

Birgitta von Schweden, auch Heilige Birgitta (1303 in Hof Finstad, Schweden – 23. Juli 1373 in Rom), schwedische Mystikerin → *33*

Bismarck, Otto Eduard Leopold von Bismarck-Schönhausen, seit 1865 Graf, seit 1871 Fürst von Bismarck-Schönhausen, seit 1890 Herzog zu Lauenburg (1. April 1815 in Schönhausen – 30. Juli 1898 in Friedrichsruh bei Hamburg), preußisch-deutscher Staatsmann → *20*

Blondel, Maurice (2. November 1861 in Dijon – 4. Juni 1949 in Aix-en-Provence), französischer Philosoph → *42*

Blüm, Norbert (21. Juli 1935 in Rüsselsheim), deutscher Politiker (CDU) → *9*

Börne, Carl Ludwig (6. Mai 1786 im jüdischen Getto von Frankfurt am Main – 12. Februar 1837 in Paris), deutscher Journalist, Literatur- und Theaterkritiker → *65, 93, 104*

Bonhoeffer, Dietrich (4. Februar 1906 in Breslau – 9. April 1945 im KZ Flossenbürg), deutscher evangelischer Theologe → *131*

Brecht, Bertolt (10. Februar 1898 in Augsburg – 14. August 1956 in Berlin), deutscher Schriftsteller, Dramatiker, Regisseur und Lyriker → *87, 136*

Browne, Sir Thomas (19. Oktober 1605 in London – 19. Oktober 1682 in Norwich), englischer Philosoph → *94*

Browning, Robert (7. Mai 1812 in Camberwell, London – 12. Dezember 1889 in Venedig), englischer Schriftsteller → *13*

Buber, Martin (8. Februar 1878 in Wien – 13. Juni 1965 in Jerusalem), österreichischer Schriftsteller, Religionsforscher und Religionsphilosoph → *32, 35, 60, 124*

Buchholz, Carl Friedrich (21. September 1826 in Berlin – 1885 ebd.), deutscher Orgelbauer → *74*

Buck, Pearl S. (Sydenstricker) (Pseudonym John Sedges, 26. Juni 1892 in Hillsboro, West-Virginia – 6. März 1973 in Danby, Vermont), amerikanische Schriftstellerin, 1938 Nobelpreis für Literatur → *102*

Buddha (Ehrentitel des Siddhartha Gautama, 560 v. Chr. in Lumbini, Nepal – vermutl. 480 bei Kushinagara), Stifter des Buddhismus → *84, 133*

Bumke, Oswald (25. September 1877 in Stolp, Pommern – 5. Januar 1950 in München), deutscher Psychiater und Neurologe → *42*

Burke, Edmund (12. Januar 1729 in Dublin – 9. Juli 1797 in Beaconsfield), englischer Schriftsteller und Politiker → *75, 117*

Busch, Wilhelm (15. April 1832 in Wiedensahl bei Hannover – 9. Januar 1908 in Mechtshausen), deutscher Dichter, Maler und Zeichner → *36, 46, 81, 132*

C

Camus, Albert (7. November 1913 in Mondovi, Algerien – 4. Januar 1960 bei Villeblevin, Yonne, Frankreich), französischer Schriftsteller, 1957 Nobelpreis für Literatur → *29, 33, 40, 65, 79, 118*

Canetti, Elias (25. Juli 1905 in Rustschuk, Bulgarien – 14. August 1994 in Zürich), deutschsprachiger Schriftsteller, 1981 Nobelpreis für Literatur → *89*

Carnegie, Dale (24. November 1888 in Maryville, Missouri – 1. November 1955 in Forest Hills, New York), amerikanischer Schriftsteller und Motivationstrainer im Bereich des Positiven Denkens → *8, 129, 133f.*

Casanova, Giacomo Girolamo (2. April 1725 in Venedig – 4. Juni 1798 in Dux, Nordböhmisches Gebiet), italienischer Abenteurer und Schriftsteller → *122*

Cervantes, Miguel de (vielleicht 29. September 1547 – 23. April 1616 in Madrid), spanischer Schriftsteller → *29, 125*

Chamfort, Nicolas (eigentlich Sébastien Roch Nicolas, 6. April 1741 in Clermont-Ferrand – 13. April 1794 in Paris), französischer Schriftsteller → *23, 59, 71, 75*

Chaplin, Sir Charles Spencer, bekannt als Charlie Chaplin (16. April 1889 in London – 25. Dezember 1977 in Vevey, Schweiz), englischer Regisseur, Produzent, Schauspieler, Komiker und Komponist → *14, 63*

Chesterton, Gilbert Keith (29. Mai 1874 in London – 14. Juni 1936 in Beaconsfield), englischer Schriftsteller, Essayist und Journalist → *82*

Christina von Schweden (18. Dezember 1626 in Stockholm – 19. April 1689 in Rom), Königin von Schweden von 1632 bis 1654 → *112*

Churchill, Sir Winston (30. November 1874 in Blenheim Palace, England – 24. Januar 1965 in London), britischer Premierminister 1940–1945 und 1951–1955, 1953 Nobelpreis für Literatur → *114*

Cicero, Marcus Tullius (3. Januar 106 v. Chr. in Arpinum – 7. Dezember 43 v. Chr. bei Formiae), römischer Politiker, Redner und Philosoph → *135*

Corneille, Pierre (6. Juni 1606 in Rouen – 1. Oktober 1684 in Paris), französischer Dramatiker → *123*

Curie, Marie (7. November 1876 in Warschau – 4. Juli 1934 in Sancellemoz, Frankreich), polnische Chemikerin und Physikerin → *117*

D

Dante Alighieri (Mai 1265 in Florenz – 14. September 1321 in Ravenna), italienischer Dichter und Philosoph → *24, 91, 118f.*

Dehmel, Richard (18. November 1863 in Wendisch-Hermsdorf – 8. Februar 1920 in Blankenese), deutscher Dichter → *40*

Delp, Alfred (15. September 1907 in Mannheim – 2. Februar 1945 in Berlin-Plötzensee), deutscher katholischer Theologe und Soziologe → *100*

Demokrit (460 v. Chr. in Abdera, Thrakien – 371 v. Chr.), griechischer Philosoph → *7, 13, 21, 93*

Dickens, Charles (7. Februar 1812 in Landport bei Portsmouth, England – 9. Juni 1870 auf Gad's Hill Place in Rochester, England), englischer Schriftsteller → *65ff.*

Dickinson, Emily (10. Dezember 1830 in Amherst, Massachusetts – 15. Mai 1886 ebd.), amerikanische Dichterin → *58*

Dietrich, Marlene (eigentlich Maria Magdalena von Losch, 27. Dezember 1901 in Berlin – 6. Mai 1992 in Paris), deutsch-amerikanische Schauspielerin und Sängerin → *22*

Ditfurth, Hoimar von (15. Oktober 1921 in Berlin – 1. November 1989 in Freiburg im Breisgau), deutscher Schriftsteller → *104f.*

Doderer, Heimito von (5. September 1896 in Hadersdorf-Weidlingau, Wien – 23. Dezember 1966 in Wien), österreichischer Schriftsteller → *III*

Dönhoff, Marion Gräfin (2. Dezember 1909 auf Schloss Friedrich-

stein, Ostpreußen – 11. März 2002 auf Schloss Crottorf bei Frie-
senhagen, Rheinland-Pfalz), deutsche Publizistin → *119*

Domin, Hilde (27. Juli 1909 in Köln – 22. Februar 2006 in Heidelberg),
deutsche Schriftstellerin → *127*

Don Bosco (eigentlich Giovanni Melchiorre Bosco, 16. August 1815
in Becchi/Castelnuovo Don Bosco – 31. Januar 1888 in Turin),
italienischer Priester und Ordensgründer → *134*

Doyle, Sir Arthur Ignatius Conan (22. Mai 1859 in Edinburgh – 7. Juli
1930 in Crowborough, Sussex), englischer Schriftsteller → *9*

Drewermann, Eugen (20. Juni 1940 in Bergkamen bei Dortmund),
deutscher Theologe, Psychoanalytiker und Schriftsteller → *78*

Droste-Hülshoff, Annette von (10., 12. oder 14. Januar 1797 auf Burg
Hülshoff bei Havixbeck, Nordrhein-Westfalen – 24. Mai 1848 in
Meersburg am Bodensee), deutsche Schriftstellerin → *19*

Dürrenmatt, Friedrich Josef (5. Januar 1921 in Konolfingen, Bern –
14. Dezember 1990 in Neuchâtel, Neuenburg), Schweizer Schriftsteller, Dramatiker und Maler → *51*

Durieux, Tilla (eigentlich Ottilie Godeffroy, 18. August 1880 in Wien
– 21. Februar 1971 in Berlin), österreichische Schauspielerin → *22*

E

Ebner-Eschenbach, Marie von (13. September 1830 auf Schloss Zdis-
lawitz bei Kremsier, Mähren – 12. März 1916 in Wien), österreichische Schriftstellerin → *12, 23, 41, 57 ff., 70, 74, 81, 84, 89, 111, 121,
126, 131*

Edison, Thomas Alva (11. Februar 1847 in Milan, Ohio – 18. Oktober
1931 in West Orange, New Jersey), amerikanischer Erfinder → *56*

Einstein, Albert (14. März 1879 in Ulm – 18. April 1955 in Princeton,
USA), deutsch-amerikanischer Physiker, 1921 Nobelpreis für Physik → *11, 35, 37, 39, 46, 48, 53, 77, 81, 100*

Eliot, George (eigentlich Mary Ann Evans, 22. November 1819 in
Nuneaton, Grafschaft Warwickshire – 22. Dezember 1880 in London), englische Schriftstellerin → *34*

Emerson, Ralph Waldo (25. Mai 1803 in Boston – 27. April 1882 in
Concord, Massachusetts), amerikanischer Philosoph und Dichter
→ *18, 50, 61, 69*

Ende, Michael (12. November 1929 in Garmisch-Partenkirchen – 28. August 1995 in Filderstadt-Bonlanden), deutscher Schriftsteller → *123*

Eötvös, József (13. September 1813 in Buda – 2. Februar 1871 in Pest), ungarischer Schriftsteller und Staatsmann → *37*

Epiktet (um 50 in Hierapolis/Phrygien – um 138 in Nikopolis/Epirus), griechischer Philosoph → *71*

Epikur (um 341 v. Chr. auf Samos – um 270 v. Chr. in Athen), griechischer Philosoph → *20, 31, 86*

Euripides (480 v. Chr. oder 485/484 v. Chr. in Salamis – 406 v. Chr. in Pella), griechischer Dichter → *40, 93, 112*

F

Ferstl, Ernst (19. Februar 1955 in Niederösterreich), österreichischer Schriftsteller → *114, 124, 126*

Flake, Otto (29. Oktober 1880 in Metz – 10. November 1963 in Baden-Baden), deutscher Schriftsteller → *110*

Flaubert, Gustave (12. Dezember 1821 in Rouen – 8. Mai 1880 in Croisset bei Rouen), französischer Schriftsteller → *79, 108*

Fontaine, Jean de La (8. Juli 1621 in Château-Thierry [Aisne] – 13. April 1695 in Paris), französischer Schriftsteller → *86*

Fontane, Heinrich Theodor (30. Dezember 1819 in Neuruppin – 20. September 1898 in Berlin), deutscher Schriftsteller → *29, 108*

Fontenelle, Bernard Le Bovier de (11. Februar 1657 in Rouen – 9. Januar 1757 in Paris), französischer Schriftsteller → *73*

Ford, Henry (30. Juli 1863 in Wayne County, Michigan – 7. April 1947 in Dearborn, Michigan), Gründer des Automobilherstellers Ford Motor Company → *130*

Francesco de Sanctis (28. März 1817 in Morra Irpina, Provinz Avellino – 28. Dezember 1883 in Neapel), italienischer Literaturhistoriker und -kritiker → *121*

Frankl, Viktor Emil (26. März 1905 in Wien – 2. September 1997 ebd.), Neurologe und Psychiater → *10, 51, 53, 98*

Franklin, Benjamin (17. Januar 1706 in Boston – 17. April 1790 in Philadelphia), amerikanischer Staatsmann, Verleger, Schriftsteller, Naturwissenschaftler, Erfinder, Naturphilosoph und einer der Gründerväter der Vereinigten Staaten → *12, 17, 124*

Franz von Sales (21. August 1567 auf Schloss Sales bei Annecy – 28. Dezember 1622 in Lyon), französischer Theologe und Schriftsteller → *135*

Franzos, Karl Emil (25. Oktober 1848 in Russisch-Podolien, Ukraine – 28. Januar 1904 in Berlin), österreichischer Schriftsteller → *87*

Friedell, Egon (eigentlich Egon Friedmann, 21. Januar 1878 in Wien – 16. März 1938 ebd.), österreichischer Schriftsteller → *54*

Friedrich II., der Große (24. Januar 1712 in Berlin – 17. August 1786 in Potsdam), seit 1740 König in Preußen und ab 1772 König von Preußen → *71*

Frisch, Max (15. Mai 1911 in Zürich – 4. April 1991 ebd.), Schweizer Schriftsteller → *76, 79, 82, 125*

Fromm, Erich (23. März 1900 in Frankfurt am Main – 18. März 1980 in Locarno), deutsch-amerikanischer Psychoanalytiker → *48, 100*

Frost, Robert Lee (26. März 1874 in San Francisco/Kalifornien – 29. Januar 1963 in Boston), amerikanischer Dichter → *52*

Fuller, Thomas (1608 in Aldwinkle – 16. August 1661), englischer Theologe, Philosoph und Historiker → *88*

G

Galilei, Galileo (15. Februar 1564 in Pisa – 8. Januar 1642 in Arcetri), italienischer Mathematiker, Physiker und Astronom → *120*

Gandhi, Mahatma (2. Oktober 1869 in Porbandar, Indien – 30. Januar 1948 in Neu-Delhi), indischer Freiheitskämpfer, Philosoph und Staatsmann → *9, 26f., 36, 68f., 71, 114*

Geibel, Emanuel (eigentlich Franz Emanuel August, 17. Oktober 1815 in Lübeck – 6. April 1884 ebd.), deutscher Dichter → *54*

Gellert, Christian Fürchtegott (4. Juli 1715 in Hainichen – 13. Dezember 1769 in Leipzig), deutscher Dichter → *17*

Gibran, Khalil (6. Januar 1883 in Bischarri, Libanon – 10. April 1931 in New York), libanesisch-amerikanischer Maler, Philosoph und Dichter → *20, 22, 40, 53, 91, 96f., 107, 132*

Giraudoux, Jean (29. Oktober 1882 in Bellac, Haute-Vienne – 31. Januar 1944 in Paris), französischer Schriftsteller → *32*

Gmeiner, Hermann (23. Juni 1919 in Alberschwende, Vorarlberg – 26. April 1986 in Innsbruck), österreichischer Sozialpädagoge → *27, 115, 121*

Goethe, Johann Wolfgang von (28. August 1749 in Frankfurt am Main – 22. März 1832 in Weimar) deutscher Dichter, Naturwissenschaftler und Kunsttheoretiker → *21 ff., 29, 38, 44, 50, 54-57, 59f., 62, 69, 82, 89, 102, 116, 132, 134*

Goldwyn, Samuel (17. August 1882 in Warschau, Polen – 31. Januar 1974 in Los Angeles, Kalifornien), amerikanischer Filmproduzent → *69*

Gontard, Susette (9. Februar 1769 in Hamburg, geb. Borkenstein – 22. Juni 1802 in Frankfurt am Main), große Liebe des Dichters Friedrich Hölderlin, der sie als »Diotima« in seinen Gedichten und in seinem Roman ›Hyperion‹ verewigte → *73*

Gorbatschow, Michail Sergejewitsch (2. März 1931 in Priwolnoje, Stawropol), russischer Politiker → *27, 51*

Gorki, Maxim (28. März 1868 in Nischni Nowgorod – 18. Juni 1936 in Moskau), russischer Schriftsteller → *104*

Gotthelf, Jeremias (eigentlich Albert Bitzius, 4. Oktober 1797 in Murten, Kanton Bern – 22. Oktober 1854 in Lützelflüh, Kanton Bern), Schriftsteller und Pfarrer → *16*

Grillparzer, Franz (15. Januar 1791 in Wien – 21. Januar 1872 ebd.), österreichischer Schriftsteller → *15, 30, 38, 74*

Günther, Joachim (22. Oktober 1948 in Syrau, Vogtland), deutscher Politiker (FDP) → *49*

H

Hammarskjöld, Dag Hjalmar Agne Carl (29. Juli 1905 in Jönköping, Schweden – 18. September 1961 bei Ndola, Sambia), schwedischer Politiker → *51, 130*

Hamsun, Knut (eigentlich Knut Pedersen, 4. August 1859 in Lom, Oppland, Norwegen – 19. Februar 1952 in Nørholm bei Grimstad), norwegischer Schriftsteller, 1920 Nobelpreis für Literatur → *14, 87*

Hauptmann, Gerhart (15. November 1862 in Bad Salzbrunn/Niederschlesien – 6. Juni 1946 in Agnetendorf, ebd.), deutscher Schriftsteller → *56*

Hauschka, Ernst R. (8. August 1926 in Aussig, Böhmen, Tschecho-slowakei), deutscher Lyriker → *112*

Hazlitt, William (10. April 1778 in Maidstone – 18. September 1830 in London), englischer Essayist und Schriftsteller → *8*

Hebbel, Christian Friedrich (18. März 1813 in Wesselburen, Dith-marschen – 13. Dezember 1863 in Wien), deutscher Dichter → *55, 61, 87, 91*

Hebel, Johann Peter (10. Mai 1760 in Basel – 22. September 1826 in Schwetzingen), deutscher Dichter, evangelischer Theologe und Pädagoge → *72*

Hegel, Georg Wilhelm Friedrich (27. August 1770 in Stuttgart – 14. November 1831 in Berlin), deutscher Philosoph → *122*

Heisenberg, Werner Karl (5. Dezember 1901 in Würzburg – 1. Feb-ruar 1976 in München), deutscher Physiker, 1932 Nobelpreis für Physik → *32*

Hemingway, Ernest Miller (21. Juli 1899 in Oak Park, Illinois – 2. Juli 1961 in Ketchum, Idaho), amerikanischer Schriftsteller, 1954 No-belpreis für Literatur → *78*

Hendrix, Jimi (eigentlich James Marshall Hendrix, 27. November 1942 in Seattle, Washington – 18. September 1970 in London), amerikanischer Rockmusiker → *25*

Herder, Johann Gottfried von (25. August 1744 in Mohrungen, Ost-preußen – 18. Dezember 1803 in Weimar), deutscher Dichter → *84, 92, 108*

Herrhausen, Alfred (30. Januar 1930 in Essen – 30. November 1989 in Bad Homburg vor der Höhe), deutscher Bankmanager → *124*

Hesse, Hermann (Pseudonym Emil Sinclair, 2. Juli 1877 in Calw – 9. August 1962 in Montagnola, Schweiz), deutsch-schweizerischer Dichter, Schriftsteller und Maler, 1946 Nobelpreis für Literatur → *58, 65, 70, 87, 99, 105, 114*

Heyse, Paul Johann Ludwig von (15. März 1830 in Berlin – 2. April 1914 in München), deutscher Schriftsteller → *22*

Hieronymus, Sophronius Eusebius (um 347 in Stridon, Dalmatien – 30. September 420 (419?) in Bethlehem), lat. Kirchenvater und -lehrer → *56*

Hildegard von Bingen (um 1098 – 17. September 1179 im Kloster Rupertsberg bei Bingen), Benediktinerin und Mystikerin → *117*

Horaz (eigentlich Quintus Horatius Flaccus, 8. Dezember 65 v. Chr. in Venosa – 27. November 8 v. Chr.), römischer Dichter → *16, 126*

Huch, Ricarda (Pseudonym Richard Hugo, 18. Juli 1864 in Braunschweig – 17. November 1947 in Schönberg/Taunus), deutsche Erzählerin und Lyrikerin → *75, 108*

Hugo, Victor (26. Februar 1802 in Besançon – 22. Mai 1885 in Paris), französischer Schriftsteller → *8, 70*

Humboldt, Alexander Freiherr von (14. September 1769 in Berlin – 6. Mai 1859 ebd.), deutscher Naturforscher → *61*

Humboldt, Wilhelm Freiherr von (22. Juni 1767 in Potsdam – 8. April 1835 in Tegel), deutscher Philosoph, Sprachforscher und preußischer Staatsmann → *17, 86, 96*

Hume, David (7. Mai 1711 in Edinburgh – 25. August 1776 ebd.), schottischer Philosoph und Historiker → *94*

I/J

Ibsen, Henrik Johan (20. März 1828 in Skien, Norwegen – 23. Mai 1906 in Kristiania, damaliger Name von Oslo), norwegischer Schriftsteller → *54, 112*

Jacobi, Friedrich Heinrich (25. Januar 1743 in Düsseldorf – 10. März 1819 in München), deutscher Schriftsteller und Philosoph → *47*

James, Henry (15. April 1843 in New York – 28. Februar 1916 in Chelsea/England), amerikanischer Schriftsteller → *29*

Jean Paul (eigentlich Johann Paul Friedrich Richter, 21. März 1763 in Wunsiedel – 14. November 1825 in Bayreuth), deutscher Schriftsteller → *15, 60, 90, 107*

Jefferson, Thomas (13. April 1743 in Shadwell, Virginia – 4. Juli 1826 in Monticello, Virginia), amerikanischer Staatsmann, 3. Präsident der USA 1801–1809 → *128*

Jhering, Rudolf von (22. August 1818 in Aurich – 17. September 1892 in Göttingen), deutscher Jurist → *14*

Joubert, Joseph (7. Mai 1754 in Montignac, Périgord – 4. Mai 1824 in Villeneuve-sur-Yonne), französischer Moralist und Essayist → *38*

Jouffroy, Théodore (6. Juli 1796 in Les Pontets, Franche-Comté –
4. Februar 1842 in Paris), französischer Publizist und Philosoph
→ *95*

Juliana von Norwich (um 1342 in England – nach 1413), englische
Mystikerin → *95*

K

Kästner, Erich (23. Februar 1899 in Dresden – 29. Juli 1974 in München), deutscher Schriftsteller, Drehbuchautor und Kabarettist
→ *44, 117*

Kafka, Franz (3. Juli 1883 in Prag – 3. Juni 1924 in Kierling bei Klos-
terneuburg, Österreich), deutschsprachiger Schriftsteller → *99*

Kant, Hermann (14. Juni 1926 in Hamburg), deutscher Schriftsteller
→ *59*

Kant, Immanuel (22. April 1724 in Königsberg – 12. Februar 1804
ebd.), deutscher Philosoph → *28, 66, 79*

Katharina von Siena (eigentlich Catarina Benincasa, 1347 in Siena –
29. April 1380 in Rom), italienische Dichterin, Mystikerin und
Kirchenlehrerin → *92*

Keller, Gottfried (19. Juli 1819 in Zürich – 15. Juli 1890 ebd.), Schweizer
Dichter → *58, 64*

Kennedy, John Fitzgerald (29. Mai 1917 in Brookline, Massachusetts –
22. November 1963 in Dallas), amerikanischer Staatsmann und
35. Präsident der USA 1961–1963 → *26, 130*

Kessel, Martin (Pseudonym Hans Brühl, 14. April 1901 in Plauen,
Vogtland – 14. April 1990 in Berlin), deutscher Schriftsteller → *86*

Kierkegaard, Søren Aabye (5. Mai 1813 in Kopenhagen – 11. November 1855 ebd.), dänischer Religionsphilosoph und Theologe
→ *17, 37*

King, Martin Luther (15. Januar 1929 in Atlanta, Georgia – 4. April
1968 in Memphis, Tennessee), amerikanischer Bürgerrechtler →
7, 31, 51 f., 105

Kleist, Ewald Christian von (7. März 1715 in Zeblin, Polen – 24. August 1759 in Frankfurt an der Oder), deutscher Dichter → *89*

Konfuzius (551 v. Chr. in Qufu – 479 v. Chr. ebd.), chinesischer Philosoph → *16, 113*

L

La Bruyère, Jean de (16. August 1645 in Paris – 10. od. 11. Mai 1696 in Versailles), französischer Schriftsteller → *113*

Laotse (4.–3. Jh. v. Chr.), chinesischer Philosoph → *42 ff., 46, 70*

La Rochefoucauld, François VI. Herzog von (15. September 1613 in Paris – 17. März 1680 ebd.), französischer Schriftsteller und Aphoristiker → *18, 60, 88, 121*

Lavater, Johann Kaspar (15. November 1741 in Zürich – 2. Januar 1801 ebd.), schweizerischer evangelischer Theologe, Philosoph und Schriftsteller → *111*

Le Fort, Gertrud Freiin von (11. Oktober 1876 in Minden – 1. November 1971 in Oberstdorf), deutsche Schriftstellerin → *122*

Lem, Stanislaw (12. September 1921 in Lemberg – 27. März 2006 in Krakau), polnischer Philosoph → *121*

León, Luis de (1527 in Belmonte, Provinz Cuenca – 23. August 1591 in Madrigal de las Altas Torres, heutige Provinz Ávila), spanischer Dichter → *7*

Lewis, C. S. (Clive Staples) (29. November 1898 in Belfast, Nordirland – 22. November 1963 in Oxford, England), britischer Schriftsteller und Literaturwissenschaftler → *35*

Lichtenberg, Georg Christoph (1. Juli 1742 in Ober-Ramstadt bei Darmstadt – 24. Februar 1799 in Göttingen), deutscher Philosoph und Physiker → *83*

Lincoln, Abraham (12. Februar 1809 bei Hodgenville, Kentucky – 15. April 1865 in Washington), amerikanischer Staatsmann und 16. Präsident der USA 1861–1865 → *134*

Lindgren, Astrid (4. November 1907 auf Näs bei Vimmerby – 28. Januar 2002 in Stockholm), schwedische Schriftstellerin → *28, 78, 100, 116, 118*

Lisieux, Thérèse von (2. Januar 1873 in Alençon, Frankreich – 30. September 1897 in Lisieux), französische Nonne, 1925 heiliggesprochen → *93*

Longfellow, Henry Wadsworth (27. Februar 1807 in Portland, Maine – 24. März 1882 in Cambridge, Massachusetts), amerikanischer Schriftsteller → *104, 134*

Lovecraft, H. P. (Howard Philipps) (20. August 1890 in Providence,

Rhode Island – 15. März 1937 ebd.), amerikanischer Schriftsteller → *104*

Lü Bu We (um 300 v. Chr. – 236 oder 235 v. Chr.), chinesischer Kaufmann, Politiker und Philosoph → *14, 30 f., 43 f., 116*

Lukian von Samosata (zwischen 120 und 125 in Samosata – Ende des 2. Jh., wahrscheinlich in Alexandria), griechischer Satiriker → *7*

Luther, Martin (eigentlich Martin Luder, 10. November 1483 in Eisleben – 18. Februar 1546 ebd.), deutscher Augustinermönch und Reformator → *34, 36, 67*

Luxemburg, Rosa (eigentlich Rozalia Luksenburg, 5. März 1871 in Zamość, Polen – 15. Januar 1919 in Berlin), deutsche Politikerin polnischer Herkunft → *10*

M

Maeterlinck, Maurice (29. August 1862 in Gent – 6. Mai 1949 in Nizza), belgischer Schriftsteller, 1911 Nobelpreis für Literatur → *54*

Malaparte, Curzio (eigentlich Kurt Erich Suckert, 9. Juni 1898 in Prato, Toskana – 19. Juli 1957 in Rom), italienischer Schriftsteller und Journalist → *63*

Mann, Heinrich (27. März 1871 in Lübeck – 12. März 1950 in Santa Monica, Kalifornien), deutscher Schriftsteller → *10*

Mann, Thomas (6. Juni 1875 in Lübeck – 12. August 1955 in Zürich), deutscher Schriftsteller, 1929 Nobelpreis für Literatur → *95*

Mansfield, Katherine (14. Oktober 1888 in Wellington, Neuseeland – 9. Januar 1923 in Fontainebleau, Frankreich), neuseeländisch-britische Schriftstellerin → *130*

Marcuse, Ludwig (8. Februar 1894 in Berlin – 2. August 1971 in Bad Wiessee), deutscher Literaturkritiker, Philosoph und Journalist → *48, 56*

Maria Theresia (13. Mai 1717 in Wien – 29. November 1780 ebd.), Königin (seit 1740), Kaiserin → *27*

Mark Aurel (auch Marcus Aurelius, eigentlich Marcus Annius Verus, 26. April 121 in Rom – 17. März 180 wahrscheinlich in Vindobona [Wien]), römischer Kaiser von 161 bis 180 → *77, 92*

Martial (eigentlich Marcus Valerius Martialis, um 40 n. Chr. in Bilbilis – um 104 ebd.), römischer Dichter → *108*

Marx, Karl (5. Mai 1818 in Trier – 14. März 1883 in London), deutscher Philosoph und Politiker → *38*

Maugham, William Somerset (25. Januar 1874 in Paris – 16. Dezember 1965 in Saint-Jean-Cap-Ferrat, Nizza), englischer Erzähler und Dramatiker → *25*

Mauriac, François (11. Oktober 1885 in Bordeaux – 1. September 1970 in Paris), französischer Schriftsteller → *83*

Mello, Anthony de (4. September 1931 in Santa Cruz, Bombay, Indien – 1. Juni 1987 in New York, USA), Jesuitenpriester und spiritueller Lehrer → *72, 103*

Menuhin, Yehudi (Baron Menuhin of Stoke d'Aberon, 22. April 1916 in New York City – 12. März 1999 in Berlin), amerikanischer (von Geburt), später Schweizer (seit 1970) und britischer (seit 1985) Violinist und Dirigent → *118*

Metastasio, Antonio Pietro (eigentlich Pietro Antonio Domenico Bonaventura Trapassi, 3. Januar 1698 in Rom – 12. April 1782 in Wien), italienischer Dichter → *24, 48*

Michelangelo (eigentlich Michelangelo Buonarroti, 6. März 1475 in Caprese, Toskana – 18. Februar 1564 in Rom), italienischer Bildhauer, Maler, Baumeister und Dichter → *90*

Mill, John Stuart (20. Mai 1806 in London – 8. Mai 1873 in Avignon), englischer Philosoph und Nationalökonom → *55*

Mitsch, Werner (23. Februar 1936 in Stuttgart), deutscher Aphoristiker → *72, 132*

Modersohn-Becker, Paula (8. Februar 1876 in Dresden – 20. November 1907 in Worpswede), deutsche Malerin → *10, 133*

Molière (eigentlich Jean-Baptiste Poquelin, vermutlich am 15. Januar 1622 in Paris – 17. Februar 1673 ebd.), französischer Komödiendichter und Schauspieler → *55, 114*

Mommsen, Theodor (30. November 1817 in Garding, Schleswig-Holstein – 1. November 1903 in Charlottenburg), deutscher Historiker, 1902 Nobelpreis für Literatur → *74*

Mong Dsi (auch Mengzi, Meng Tzu, latinisiert Mencius, Menzius, 372 (?) v. Chr. in Zou, Provinz Shandong – 289 (?) v. Chr. ebd.) chinesischer Philosoph → *41*

Montaigne, Michel Eyquem de (28. Februar 1533 auf Schloss Montaigne, Dordogne – 13. September 1592 ebd.), französischer Schriftsteller, Moralist und Philosoph → *99, 110*

Montesquieu, Charles de Secondat, Baron de La Brède et de (18. Januar 1689 auf Schloss La Brède bei Bordeaux – 10. Februar 1755 in Paris), französischer Schriftsteller und Staatstheoretiker → *70*

Morgenstern, Christian (6. Mai 1871 in München – 31. März 1914 in Meran), deutscher Dichter und Schriftsteller → *14, 21, 24, 31, 35, 38, 66, 82, 90 f., 94, 112*

Munthe, Axel Martin Fredrik (31. Oktober 1857 in Oskarshamn – 11. Februar 1949 in Stockholm), schwedischer Arzt und Schriftsteller → *101*

Musil, Robert (6. November 1880 in Klagenfurt, Kärnten – 15. April 1942 in Genf, Schweiz), österreichischer Schriftsteller und Theaterkritiker → *106*

Mutter Teresa (Ordensname, bürgerlich Anjezë Gonxhe Bojaxhiu, 27. August 1910 in Skopje, Mazedonien – 5. September 1997 in Kalkutta), römisch-katholische Ordensschwester albanischer Herkunft → *11*

N

Nestroy, Johann (vollständig: Johann Nepomuk Eduard Ambrosius, 7. Dezember 1801 in Wien – 25. Mai 1862 in Graz), österreichischer Schauspieler und Dichter → *11, 60, 125*

Nietzsche, Friedrich Wilhelm (15. Oktober 1844 in Röcken bei Lützen – 25. August 1900 in Weimar), deutscher Philosoph → *46, 80, 107, 121, 129*

Nin, Anaïs (eigentlich Angela Anaïs Juana Antolina Rosa Edelmira Nin y Culmell, 21. Februar 1903 in Neuilly-sur-Seine bei Paris – 14. Januar 1977 in Los Angeles), französische Schriftstellerin → *115*

Nooteboom, Cees (vollständig: Cornelis Johannes Jacobus Maria, 31. Juli 1933 in Den Haag), niederländischer Schriftsteller → *62*

O–Q

Ovid (eigentlich Publius Ovidius Naso, 20. März 43 v. Chr. in Sulmo (Sulmona), Italien – ca. 17/18 n. Chr. in Tomis [Constanţa], Rumänien), römischer Dichter → *88*

Paine, Thomas (29. Januar 1737 in Thetford, England – 8. Juni 1809 in New York) amerikanischer Philosoph → *97*

Pallenberg, Max (18. Dezember 1877 in Wien – 26. Juni 1934 bei Karlsbad), österreichischer Schauspieler → *66*

Palmer, Lilli (24. Mai 1914 in Posen – 27. Januar 1986 in Los Angeles), britisch-deutsche Schauspielerin und Autorin → *112*

Paracelsus (eigentlich Philippus Theophrastus Aureolus Bombastus von Hohenheim, 1493 in Egg bei Einsiedeln – 24. September 1541 in Salzburg), Arzt, Alchemist, Astrologe, Mystiker, Laientheologe und Philosoph → *130*

Pascal, Blaise (19. Juni 1623 in Clermont-Ferrand – 19. August 1662 in Paris), französischer Mathematiker, Philosoph und Schriftsteller → *33, 36, 49*

Peale, Norman Vincent (31. Mai 1898 in Bowersville, Ohio, USA – 24. Dezember 1993 in Pawling, New York), amerikanischer Pfarrer und Autor → *98*

Pessoa, Fernando (eigentlich Fernando António Nogueira Pessoa, 13. Juni 1888 in Lissabon – 30. November 1935 ebd.), portugiesischer Dichter und Schriftsteller → *42, 91*

Pestalozzi, Hans A. (1929 in Zürich – 14. Juli 2004 in Steintal bei Wattwil, Toggenburg, Schweiz), Schweizer Gesellschaftskritiker und Schriftsteller → *118*

Pfitzmann, Günther (8. April 1924 in Berlin – 30. Mai 2003 ebd.), deutscher Schauspieler und Kabarettist → *65*

Planck, Max (23. April 1858 in Kiel – 4. Oktober 1947 in Göttingen), deutscher Physiker, 1918 Nobelpreis für Physik → *33*

Platen, Karl August Georg Maximilian Graf von (eigentlich Platen-Hallermünde, 24. Oktober 1796 in Ansbach – 5. Dezember 1835 in Syrakus, Sizilien), deutscher Dichter → *18*

Plath, Sylvia (27. Oktober 1932 in Boston, Massachusetts – 11. Februar 1963 in London), amerikanische Schriftstellerin → *8*

Platon (427 v. Chr. in Athen – 348/347 v. Chr. ebd.), griechischer Philosoph → *30, 92, 97*

Pope, Alexander (21. Mai 1688 in London – 30. Mai 1744 in Twickenham, ebd.) englischer Dichter → *56*

Prudhomme, Sully (eigentlich René François Armand Prudhomme,

16. März 1839 in Paris – 7. September 1907 in Châtenay-Malabry), französischer Schriftsteller, 1901 erster Nobelpreisträger für Literatur → *59*

Qualtinger, Helmut (8. Oktober 1928 in Wien – 29. September 1986 ebd.), österreichischer Schriftsteller, Kabarettist und Schauspieler → *99*

R

Rabin, Yitzhak (1. März 1922 in Jerusalem – 4. November 1995 in Tel Aviv), israelischer Politiker, 1994 Friedensnobelpreis → *26*

Rau, Johannes (16. Januar 1931 in Wuppertal – 27. Januar 2006 in Berlin), deutscher Politiker und von 1999 bis 2004 achter Bundespräsident der Bundesrepublik Deutschland → *62*

Reger, Max (19. März 1873 in Brand – 11. Mai 1916 in Leipzig), deutscher Komponist → *80*

Reventlow, Franziska Gräfin zu (eigentlich Fanny Gräfin zu Reventlow, 18. Mai 1871 in Husum – 26. Juli 1918 in Locarno), deutsche Schriftstellerin und Malerin → *109*

Rilke, Rainer Maria (eigentlich René Maria, 4. Dezember 1875 in Prag – 29. Dezember 1926 in Valmont, Montreux), österreichischer Dichter → *24, 76, 109, 128, 133*

Ringelnatz, Joachim (eigentlich Hans Bötticher, 7. August 1883 in Wurzen bei Leipzig – 17. November 1934 in Berlin), deutscher Schriftsteller und Maler → *66*

Rodin, Auguste (12. November 1840 in Paris – 17. November 1917 in Meudon), französischer Bildhauer und Zeichner → *12*

Rogers, Will (eigentlich William Penn Adair, 4. November 1879 in Oolagh, Oklahoma – 15. August 1935 in Point Barrow, Alaska), amerikanischer Komiker, Entertainer und Schauspieler → *50*

Roosevelt, Theodore (27. Oktober 1858 in New York – 6. Januar 1919 ebd.), 26. Präsident der USA 1901–1909 → *127*

Rosegger, Peter (31. Juli 1843 in Alpl – 26. Juni 1918 in Krieglach), österreichischer Schriftsteller → *133*

Rousseau, Jean-Jacques (28. Juni 1712 in Genf – 2. Juli 1778 in Ermenon-ville), französischer Moralphilosoph und Schriftsteller schweizerischer Herkunft → *16, 25, 30, 55, 74, 94f., 120*

Rühmann, Heinz (eigentlich Heinrich Wilhelm Rühmann, 7. März 1902 in Essen – 3. Oktober 1994 in Aufkirchen), deutscher Schauspieler → *63, 84*

Ruskin, John (8. Februar 1819 in London – 20. Januar 1900 in Brantwood, Lancashire), englischer Schriftsteller, Maler und Kunsthistoriker → *78*

Russell, Bertrand Earl (18. Mai 1872 in Trelleck, Wales – 2. Februar 1970 in Penrhyndeudraeth, Wales), britischer Mathematiker, Philosoph und Schriftsteller, 1950 Nobelpreis für Literatur → *45, 47, 104, 120*

S

Saint-Exupéry, Antoine de (eigentlich Comte Marie Roger Graf von Saint-Exupéry, 29. Juni 1900 in Lyon – 31. Juli 1944), französischer Pilot und Schriftsteller → *15, 81, 83, 116, 129*

Santayana, George (eigentlich Jorge Augustín Nicolás Ruiz de Santayana, 16. Dezember 1863 in Madrid – 26. September 1952 in Rom), amerikanischer Philosoph und Dichter spanischer Herkunft → *102*

Sartre, Jean-Paul Charles Aymard (21. Juni 1905 in Paris – 15. April 1980 ebd.), französischer Schriftsteller und Philosoph → *119*

Saviano, Roberto (1979 in Neapel), italienischer Schriftsteller und Journalist → *45*

Scherber, Martin (16. Januar 1907 in Nürnberg – 10. Januar 1974 ebd.), deutscher Musiklehrer und Komponist → *46*

Schiller, (Johann Christoph) Friedrich von (10. November 1759 in Marbach am Neckar – 9. Mai 1805 in Weimar), deutscher Dichter → *9, 20, 57, 122, 125*

Schirrmacher, Frank (5. September 1959 in Wiesbaden), deutscher Journalist und Literaturwissenschaftler → *59*

Schnitzler, Arthur (15. Mai 1862 in Wien – 21. Oktober 1931 ebd.), österreichischer Schriftsteller → *30, 109, 111*

Scholl, Sophie Magdalena (9. Mai 1921 in Forchtenberg – 22. Februar 1943 in München-Stadelheim), deutsche Widerstandskämpferin → *85, 96, 115, 119*

Schopenhauer, Arthur (22. Februar 1788 in Danzig – 21. September 1860 in Frankfurt am Main), deutscher Philosoph → *61, 71, 73, 84*

Schweitzer, Albert (14. Januar 1875 in Kaysersberg bei Colmar – 4. September 1965 in Lambaréné, Gabun), elsässischer evangelischer Theologe, Arzt, Musiker und Philosoph → *34f., 45, 47, 61, 115*

Seneca, Lucius Annaeus (genannt Seneca der Jüngere, etwa 4 v. Chr. in Córdoba – 65 n. Chr. in Rom), römischer Politiker, Philosoph und Dichter → *53, 80, 91f., 98, 128*

Seume, Johann Gottfried (29. Januar 1763 in Poserna, Kursachsen – 13. Juni 1810 in Teplitz, Böhmen), deutscher Schriftsteller → *30, 105*

Shakespeare, William (vermutlich 23. April 1564 in Stratford-upon-Avon – 23. April 1616 ebd.), englischer Dichter und Dramatiker → *7, 22f., 135*

Shaw, George Bernard (26. Juli 1856 in Dublin – 2. November 1950 in Ayot Saint Lawrence, England), irischer Schriftsteller, 1925 Nobelpreis für Literatur → *13, 15, 62, 72, 101, 119, 122*

Sieburg, Friedrich (18. Mai 1893 in Altena – 19. Juli 1964 in Gärtringen, Württemberg), deutscher Schriftsteller und Publizist → *8*

Simmel, Georg (1. März 1858 in Berlin – 26. September 1918 in Straßburg), deutscher Philosoph und Soziologe → *77*

Singh, Kirpal (6. Februar 1894 in Sayyad Kasran, Punjab, Indien – 21. August 1974), spiritueller Meister des Sant Mat → *16*

Sölle, Dorothee (30. September 1929 in Köln – 27. April 2003 in Göppingen), deutsche evangelische Theologin und Literaturwissenschaftlerin → *34*

Sophokles (496 v. Chr. in Athen – 406/405 v. Chr. ebd.), griechischer Dichter → *135*

Spann, Othmar (1. Oktober 1878 in Wien-Altmannsdorf – 8. Juli 1950 in Neustift an der Lafnitz), österreichischer Nationalökonom, Soziologe und Philosoph → *38*

Spengler, Oswald (29. Mai 1880 in Blankenburg, Harz – 8. Mai 1936 in München), deutscher Kultur- und Geschichtsphilosoph → *26, 87*

Stein, Edith (12. Oktober 1891 in Breslau – 9. August 1942 im KZ Auschwitz-Birkenau), deutsche Philosophin → *34*

Steinbeck, John (27. Februar 1902 in Salinas, Kalifornien – 20. Dezember 1968 in New York), amerikanischer Schriftsteller → *123*

Steiner, Rudolf (25. Februar 1861 in Kraljevica, Kroatien – 30. März 1925 in Dornach, Schweiz), österreichischer Anthroposoph → *93*

Stifter, Adalbert (23. Oktober 1805 in Oberplan, Böhmen.– 28. Januar 1868 in Linz), österreichischer Schriftsteller, Maler und Pädagoge → *19*

Strahm, Walter E. (3. August 1943 in Lauperswil, Emmental), Schweizer Politiker → *126*

Syrus, Publilius (um 50 v. Chr.), römischer Lustspieldichter → *94*

T

Tagore, Rabindranath (6. Mai 1861 in Kalkutta – 7. August 1941 in Santiniketan, Bengalen), indischer Dichter und Philosoph, 1913 Nobelpreis für Literatur → *2, 42, 57, 99, 107*

Talleyrand-Périgord, Charles Maurice de (13. Februar 1754 in Paris – 17. Mai 1838 ebd.), französischer Staatsmann und Diplomat → *110*

Tenzin Gyatso (Dalai Lama) (6. Juli 1935 in Taktser, Provinz Amdo, Tibet), XIV. Dalai Lama → *77, 101, 133*

Thiess, Frank (13. März 1890 in Eluisenstein bei Uexküll, Livland – 22. Dezember 1977 in Darmstadt), deutscher Schriftsteller → *101*

Thomas von Kempen (Thomas a Kempis, um 1379/1380 in Kempen als Thomas Hemerken – 25. Juli 1471 im Kloster Agnetenberg bei Zwolle, Niederlande), deutscher Mystiker → *25, 136*

Thoreau, Henry David (12. Juli 1817 in Concord, Massachusetts – 6. Mai 1862 ebd.), amerikanischer Schriftsteller und Philosoph → *129*

Tibull (Albius Tibullus, um 50 v. Chr. – um 17 v. Chr.), römischer Elegiendichter → *86*

Tolkien, J. R. R. (John Ronald Reuel) (3. Januar 1892 in Bloemfontein, heute Südafrika – 2. September 1973 in Bournemouth, England), britischer Schriftsteller und Philologe → *113*

Tolstoi, Leo (Lew Nikolajewitsch Graf, 9. September 1828 in Jasnaja Poljana – 20. November 1910 in Astapowo), russischer Schriftsteller → *14, 44, 46, 123, 129*

Tschechow, Anton (29. Januar 1860 in Taganrog, Russland – 15. Juli 1904 in Badenweiler), russischer Schriftsteller, Novellist und Dramatiker → *41, 50, 52, 68*

Tucholsky, Kurt (9. Januar 1890 in Berlin – 21. Dezember 1935 in Göteborg), deutscher Journalist und Schriftsteller → *21, 64, 116*

Twain, Mark (eigentlich Samuel Langhorne Clemens, 30. November 1835 in Florida, Missouri – 21. April 1910 in Redding, Connecticut), amerikanischer Schriftsteller → *64, 66*

U – V

Uhlenbruck, Gerhard (17. Juni 1929 in Köln), deutscher Mediziner und Aphoristiker → *65, 101*

Ustinov, Sir Peter (eigentlich Petrus Alexandrus von Ustinov, 16. April 1921 in London – 28. März 2004 in Genolier, Schweiz), englischer Schauspieler, Regisseur und Schriftsteller → *28, 100*

Valentin, Karl (eigentlich Valentin Ludwig Fey, 4. Juni 1882 in München – 9. Februar 1948 ebd.), deutscher Komiker und Schriftsteller → *128*

Vauvenargues, Marquis de Luc de Clapiers (6. August 1715 in Aix-en-Provence – 28. Mai 1747 in Paris), französischer Philosoph, Moralist und Schriftsteller → *13, 15, 120*

Vergil (eigentlich Publius Vergilius Maro, 15. Oktober 70 v. Chr. in Andes bei Mantua – 21. September 19 v. Chr. in Brindisi), römischer Dichter → *105*

Voltaire (eigentlich François-Marie Arouet, 21. November 1694 in Paris – 30. Mai 1778 ebd.), französischer Philosoph und Dichter → *27, 47, 57*

W – Z

Waggerl, Karl Heinrich (10. Dezember 1897 in Bad Gastein – 4. November 1973 in Schwarzach im Pongau), österreichischer Schriftsteller → *48, 85, 103*

Walser, Robert (15. April 1878 in Biel, Kanton Bern, Schweiz – 25. Dezember 1956 in der Nähe von Herisau, Kanton Appenzell Ausserrhoden, Schweiz), deutschsprachiger schweizerischer Schriftsteller → *110*

Watson, James (6. April 1928 in Chicago), amerikanischer Biochemiker → *85*

Watzlawick, Paul (25. Juli 1921 in Villach, Österreich – 31. März 2007 in Palo Alto, Kalifornien), Kommunikationswissenschaftler, Philosoph und Schriftsteller → *45*

Weber, Karl Julius (16. oder 20. April 1767 in Langenburg – 20. Juli 1832 in Kupferzell), deutscher Schriftsteller und Satiriker → *62, 74*

Weil, Simone (3. Februar 1909 in Paris – 24. August 1943 in Ashford, Kent), französische Philosophin → *78*

Weizsäcker, Carl Friedrich von (28. Juni 1912 in Kiel – 28. April 2007 in Söcking am Starnberger See), deutscher Physiker, Philosoph und Friedensforscher → *76, 96*

Weizsäcker, Richard von (15. April 1920 in Stuttgart), deutscher Politiker und von 1984 bis 1994 sechster Bundespräsident der Bundesrepublik Deutschland → *86*

Werfel, Franz Viktor (10. September 1890 in Prag – 26. August 1945 in Beverly Hills, Kalifornien), österreichischer Schriftsteller → *32, 105*

Wieland, Christoph Martin (5. September 1733 in Oberholzheim – 20. Januar 1813 in Weimar), deutscher Dichter → *19*

Wilde, Oscar Fingal O'Flahertie Wills (16. Oktober 1854 in Dublin – 30. November 1900 in Paris), englisch-irischer Schriftsteller → *13, 23, 43, 48, 50, 81, 83, 90, 94, 96*

Wilder, Thornton Niven (17. April 1897 in Madison, Wisconsin – 7. Dezember 1975 in Hamden, Connecticut), amerikanischer Schriftsteller → *52, 125, 129*

Wittgenstein, Ludwig (26. April 1889 in Wien – 29. April 1951 in Cambridge), österreichischer Philosoph → *82*

Young, Edward (3. Juli 1683 in Upham, Hampshire – 5. April 1765 in Welwyn, Hertfordshire), englischer Dichter → *124*

Zuckmayer, Carl (27. Dezember 1896 in Nackenheim, Rheinhessen – 18. Januar 1977 in Visp, Schweiz), deutscher Schriftsteller → *64*

Zweig, Stefan (28. November 1881 in Wien – 22. Februar 1942 in Petrópolis, Rio de Janeiro), österreichischer Schriftsteller → *41*

Zwingli, Ulrich (1. Januar 1484 in Wildhaus – 11. Oktober 1531 in Kappel am Albis), Schweizer Reformator → *103*

Bhagavad Gita

Bhagavad Gita ist eine der zentralen Schriften des Hinduismus. Der vermutlich zwischen dem fünften und dem zweiten vorchristlichen Jahrhundert entstandene Text ist eine Zusammenführung mehrerer verschiedener Denkschulen des damaligen Indien auf Grundlage der Veden, der Upanishaden, des orthodoxen Brahmanismus, des Yoga u. a. m.

Bibel

Als Bibel bezeichnen das Judentum und das Christentum jeweils eine eigene Sammlung religiöser Schriften, die für sie das Wort Gottes enthalten und als Heilige Schrift Urkunden ihres Glaubens sind.

Talmud

Der Talmud ist nach dem Tanach – der jüdischen Bibel – das bedeutendste Schriftwerk des Judentums.

Zen

Zen-Buddhismus oder Zen ist eine in China ab etwa dem 15. Jahrhundert unserer Zeitrechnung entstandene Linie des Mahayana-Buddhismus, die wesentlich vom Daoismus beeinflusst wurde